MARCO POLO

TIROL

> Nirgendwo auf der Welt liegen landschaftliche Höhepunkte und urbane Vielfältigkeit so eng beieinander wie hier. Wenn Sie Tirol entdecken, entdecken Sie ein Land voll spannungsreicher Kontraste.
> *MARCO POLO Autor*
> *Andreas Lexer*
> (siehe S. 134)

Reisen mit Insider Tipps

Spezielle News, Lesermeinungen und Angebote zu Tirol:
www.marcopolo.de/tirol

TIROL

> SYMBOLE

Insider Tipp **MARCO POLO INSIDER-TIPPS**
Von unserem Autor für Sie entdeckt

★ **MARCO POLO HIGHLIGHTS**
Alles, was Sie in Tirol kennen sollten

☼ **SCHÖNE AUSSICHT**

📶 **WLAN-HOTSPOT**

▶▶ **HIER TRIFFT SICH DIE SZENE**

> PREISKATEGORIEN

HOTELS
€€€ über 120 Euro
€€ 60–120 Euro
€ bis 60 Euro
Die Preise gelten für ein Doppelzimmer mit Frühstück

RESTAURANTS
€€€ über 30 Euro
€€ 20–30 Euro
€ bis 20 Euro
Die Preise gelten für ein Essen mit Vor-, Haupt- und Nachspeise

> KARTEN

[114 A1] Seitenzahlen und Koordinaten für de Reiseatlas Tirol
[U A1] Koordinaten für di Karte Innsbruck im hinteren Umschlag
[0] außerhalb des Kartenausschnitts

Zu Ihrer Orientierung sind auch die Orte mit Koordina ten versehen, die nicht im Reiseatlas eingetragen sin

---

■ **DIE BESTEN MARCO POLO INSIDER-TIPPS** .... **UMSCHLAG**
■ **DIE BESTEN MARCO POLO HIGHLIGHTS** 4
■ **AUFTAKT** 6
■ **SZENE** **12**
■ **STICHWORTE** 16
■ **EVENTS, FESTE & MEHR** 22
■ **ESSEN & TRINKEN** 24
■ **EINKAUFEN** 28
■ **INNSBRUCK & UMGEBUNG** **30**
■ **UNTERLAND** **46**
■ **OBERLAND** **60**
■ **OSTTIROL** **74**
■ **AUSSERFERN** **84**

INHALT

> SZENE

S. 12–15: Trends, Entdeckungen, Hotspots! Was wann wo in Tirol los ist, verrät der MARCO POLO Szeneautor vor Ort

> 24 STUNDEN

S. 96/97: Action pur und einmalige Erlebnisse in 24 Stunden! MARCO POLO hat für Sie einen außergewöhnlichen Tag in Tirol zusammengestellt

> LOW BUDGET

Viel erleben für wenig Geld! Wo Sie zu kleinen Preisen etwas Besonderes genießen und tolle Schnäppchen machen können:

Preiswert in der Innsbrucker Altstadt wohnen S. 35 | Kostenlose geführte Wanderungen S. 53 | Gratis mit der Bergbahn S. 70 | Günstiges Kombipaket für Bahn, Bike und Besuch einer Sehenswürdigkeit S. 82 | Umsonst fahren mit dem Wanderbus S. 90

> GUT ZU WISSEN

Was war wann? S. 10 | Spezialitäten S. 26 | Blogs & Podcasts S. 42 | Bücher & Filme S. 56 | Die Geierwally S. 66 | Via Claudia Augusta S. 69 | www.marcopolo.de S. 106 | Was kostet wie viel? S. 109 | Wetter in Innsbruck S. 110

AUF DEM TITEL
Auf dem Wasserschaupfad zu den tosenden Umbalfällen S. 83
Kunstvolles Naschwerk S. 15

- **AUSFLÜGE & TOUREN** 92
- **24 STUNDEN IN TIROL** 96
- **SPORT & AKTIVITÄTEN** 98
- **MIT KINDERN REISEN** 102

- **PRAKTISCHE HINWEISE** 106

- **REISEATLAS TIROL** 112
- **KARTENLEGENDE REISEATLAS** 130

- **REGISTER** 132
- **IMPRESSUM** 133
- **UNSER INSIDER** 134

- **BLOSS NICHT!** 136

ENTDECKEN SIE TIROL!

Unsere Top 15 führen Sie an die traumhaftesten Orte und zu den spannendsten Sehenswürdigkeiten

Die Highlights sind in der Karte auf dem hinteren Umschlag eingetragen

⭐ Innsbrucker Christkindlmarkt
Es riecht nach Punsch und *Kiachln*: Hier können Sie die Vorweihnachtszeit in Tirol wunderbar romantisch genießen (Seite 23)

⭐ Bergisel-Stadion
Allein der Blick von der Sprungschanze bei Innsbruck verführt zum Schweben (Seite 32)

⭐ Schloss Ambras
Das schönste Renaissanceschloss der Alpen in Innsbruck präsentiert Sommerkonzerte im Spanischen Saal (Seite 35)

⭐ Altstadt
Im charmanten Salzstädtchen Hall wird man unweigerlich ins Mittelalter zurückversetzt (Seite 44)

⭐ Kristallwelten
Der Glaskristall-Hersteller Swarovski verzaubert die Besucher in seiner von André Heller künstlerisch umgesetzten Glitzer-Wunderwelt (Seite 45)

⭐ Festung Kufstein
Der Wächter des Landes ist die imposanteste Burg weit und breit (Seite 50)

⭐ Rattenberg
Lernen Sie die Glasbläserkunst in der wohl malerischsten Stadt Tirols kennen (Seite 57)

⭐ Silberbergwerk
Tief im Berg erklärt Ihnen ein Führer, wie die besten Knappen der Welt arbeiteten (Seite 58)

> DIE BESTEN MARCO POLO HIGHLIGHTS

 Schloss Landeck
Hoch über dem Inn wird die Tiroler Vergangenheit kritisch aufgearbeitet (Seite 64)

 Ötzi-Dorf
Erfahren Sie, wie der berühmte Gletschermann in der Steinzeit lebte (Seite 68)

 Aguntum
Tirols einzige Römerstadt war einst ein wichtiges Handelszentrum (Seite 75)

 Schloss Bruck
Auf dem Schlossberg von Lienz finden Sie die größten Werke des Malers Albin Egger-Lienz – für Kunstliebhaber unverzichtbar (Seite 77)

 Umbalfälle
Besonders im Frühjahr beeindruckend: das gewaltige Naturschauspiel am Ende des Virgentals, zu dem der Wasserschaupfad hinführt (Seite 83)

 Zugspitze
Das Dach Deutschlands einmal von Tiroler Seite erobern und im höchsten Biergarten Deutschlands ein erfrischendes Helles zischen. Atemberaubender Ausblick garantiert – besonders romantisch bei Sonnenuntergang (Seite 86)

 Burgenwelten Ehrenberg
In mittelalterlicher Ausrüstung dürfen Sie sich wie ein edler Ritter fühlen. Ein großer Spaß besonders für die Kleinen ist der Mittelaltermarkt (Seite 89)

AUFTAKT

> Nirgendwo auf der Welt liegen landschaftliche Höhepunkte und urbane Vielfältigkeit so eng beieinander wie in Tirol: Schroffe Berge bieten die spektakuläre Kulisse für die Höhepunkte jahrhundertealter Traditionen der Habsburger Monarchie. Schneebedeckte Gipfel werfen ihre Schatten auf prachtvoll gestaltete Kirchen. Tirol, das Land im Gebirge, ist ebenso sportliche wie kulturelle Herausforderung – ist das Terrain der Mountainbiker, Wanderer, Rafter, aber auch das Reich der Tanzfestivals, der Konzerte und Straßentheater. Wenn Sie Tirol entdecken, entdecken Sie ein Land voll spannungsreicher Kontraste.

> Am Anfang steht – der Berg. Die Gipfel der Stubaier Alpen, die schroffen Wände der Dolomiten, das Karwendel, die Ötztaler Alpen, das Großglocknermassiv, das Kaisergebirge, die Lechtaler Alpen: Sie sind das erste, was Besucher wahrnehmen, schon von Weitem, noch bevor sie überhaupt in Tirol angekommen sind.

Die Berge sind es, die von Anfang an das Schicksal Tirols bestimmt haben, sie wurden zum größten Kapital des Landes und seiner Einwohner. Zuerst waren es die Bodenschätze, die für Reichtum sorgten: Ab dem 13. Jh. wurde Salz im Halltal abgebaut, etwa zweieinhalb Jahrhunderte später dann Silber, etwa in Schwaz oder rund um Kitzbühel. Das Edelmetall wurde zu Münzen verarbeitet und in ganz Europa als Zahlungsmittel verwendet. Als sich die Vorkommen jedoch langsam erschöpften, musste Tirol umsatteln. Und wieder waren es die Berge, die den Weg des Landes vorgaben: Schon um 1850 kamen die ersten Touristen ins Tiroler Unterland, nach Kitzbühel und ins Zillertal, um sich im Gebirge zu erholen.

In den letzten 150 Jahren haben Millionen Touristen das Land besucht. Ihre Wünsche haben Tirol gezwungen, sich ständig zu erneuern – allerdings nicht immer und überall so erfolgreich wie etwa in Innsbruck. Die Stadt setzt seit ein paar Jahren auf in-

> *Der Reichtum der Berge: Silber, Salz und Sommerfrische*

ternationale Architekten, die sich um die Erneuerung kümmern: auf die britisch-irakische Visionärin Zaha Hadid, die die neue Sprungschanze und die Bahn auf die Hungerburg gestaltete, oder auf den Briten David Chipperfield, der dem alten Kaufhaus

Mit dem Mountainbike im Paznauntal: Radeln vor grandioser Kulisse

AUFTAKT

Tyrol in der Maria-Theresien-Straße ein neues Gesicht verpassen soll.

Heute ist der Tourismus die zweitgrößte Einnahmequelle nach der Industrie. 8,5 Mio. Gäste kommen pro Jahr, der größte Teil aus Deutschland: Tirol liegt nah, und die Sprachen sind ähnlich. Denn die Tiroler, bekannt für ihren kehligen Dialekt, sind durchaus auch des Hochdeutschen mächtig – wenn sie sich Mühe geben. Keine Mühe dagegen müssen sich die Berge geben: Sie sind da und sie sind attraktiv – für die meisten im Winter mehr als im Sommer. 15 000 km Wanderwege stehen 3500 km Skipiste gegenüber, eine Strecke, die von Oslo bis nach Sizilien reichen würde, dazu kommen 250 Rodelbahnen. Und wem das zu wenig Adrenalinschub ist, der kann die Berge, die Gipfel, Grate und Täler, auf viele andere Arten sportlich angehen: Raften, Paragliden, Mountainbiken, Klettern Canyoning – alles unter fachkundiger Anleitung. Daneben hat sich in Tirol ein reichhaltiges Kulturprogramm etabliert. Der „Innsbrucker Tanzsommer" lockt jedes Jahr zahlreiche Besucher ins Land, das Straßenfest in Lienz ist eins der größten Festivals für Straßenkünstler weltweit, das „Festival der Träume" lädt die besten Clowns nach Tirol und natürlich gibt es auch ein Filmfestival in St. Anton, bei dem – wie soll es auch anders sein – die Berge im Mittelpunkt stehen.

> *Die Tiroler Bauern sind stolze Kämpfernaturen*

Durch die Bedeutung dieses einzigartigen Naturrraums für das Land haben auch jene, die sich um seine Erhaltung kümmern – die Bauern – eine besondere Stellung in Tirol. Als in anderen Teilen des Habsburger Reichs noch die Leibeigenschaft weit verbreitet war, hatte sich in Tirol längst ein freier Bauernstand etabliert. Öfters wurde versucht, diese Freiheit zu beschränken. Doch die Tiroler Bauern wehrten sich. Da wurden Landesfürsten einfach abgesetzt oder man kämpfte mit Waffengewalt gegen die einfallenden Bayern, die versuchten, das seit Jahrhunderten unveränderte Weltbild der Tiroler zu reformieren. Dreimal gelang es 1809 den Tiroler Schützen unter Andreas Hofer das übermächtige Bayernheer zu schlagen. Beim vierten Mal mussten sie sich dem Zeitalter der Aufklärung, das mit den Bayern Einzug halten sollte, geschlagen geben. Andreas

WAS WAR WANN?
Geschichtstabelle

ca. 3000 v. Chr. Der später als Ötzi bekannt gewordene Jäger aus der Steinzeit stirbt in den Ötztaler Alpen

15 v. Chr. Die Römer erobern die Alpen und gründen Aguntum im heutigen Lienz und Veldidena in Innsbruck

6. Jh. Der Stamm der Bajuwaren besiedelt Tirol, bis 1027 gehört Tirol zu Bayern

12. Jh. Die Grafen von Tirol gründen die Grafschaft Tirol

1363 Die letzte Gräfin von Tirol, Margarethe Maultasch, übergibt das Land an die Habsburger

Um 1500 Kaiser Maximilian I. kauft Tirol von Siegmund dem Münzreichen und macht Innsbruck zum Zentrum seines Reichs

1703 Während des spanischen Erbfolgekriegs fallen die Bayern in Tirol ein und werden zurückgedrängt

1809 Tiroler Freiheitskampf unter Andreas Hofer

1858 Die Eisenbahn fährt bis Innsbruck

1919 Im Frieden von St. Germain wird Südtirol den Italienern zugesprochen

1938 Österreich schließt sich jubelnd Hitler-Deutschland an, der Reichsgau Tirol-Vorarlberg entsteht

1964 und **1976** Olympische Winterspiele in Innsbruck

1967–78 Felbertauern-, Arlbergtunnel und Brennerautobahn werden gebaut

1995 Österreich tritt der EU bei, Tirol stöhnt unter dem Nord-Süd Transit

2008 Innsbruck ist u.a. Austragungsort der Fußball-Europameisterschaft

Hofer lebt bis heute als Volksheld für den Kampf um die Tiroler Freiheit weiter. Der Kampfeswille aber ist ungebrochen – heute gilt er den Blechlawinen, die sich das Jahr über durch Tirol schleppen. Die Strecke von Kufstein über den Brennerpass ist mit 1374 m die niedrigste und günstigste Überquerung der Ostalpen, die schnellste Verbindung zwischen dem Europa nördlich der Alpen und dem Mittelmeer. Diese Brückenfunktion nutzen jährlich ca. 2 Mic. Lkws und 15 Mio. Pkws. Sie alle donnern über die Inntal- und die Brennerautobahn und sorgen für erhebliche Gesundheits- und Umweltbelastungen, ganz abgesehen von dem konstanten Lärmteppich im Inn- und Wipptal. Immer wieder blockierten Anrainer deswegen die Autobahn, sehr zum Ärger der verschiedenen Lobbys.

Dieser Kämpfernatur wegen werden die Tiroler gern als „Sturschädel" bezeichnet. Stolz – sagen manche – wäre wohl der bessere Ausdruck. „Tirol ist ein grober Bauernkittel, aber er wärmet gut", so charakterisierte vor 500 Jahren Kaiser Maximilian I. das Land und seine Einwohner. Neben Stolz (oder Sturheit) gehören Wärme und Herzlichkeit zum Tiroler Naturell. Man darf sich also nicht wundern, wenn man von einem wildfremden Menschen mit dem vertraulichen Du angesprochen wird. Am Berg zählen eben keine Höflichkeitsfloskeln.

Tirol zählt heute etwa 688 000 Einwohner und liegt mit 12 650 km² flächenmäßig an dritter Stelle der österreichischen Bundesländer, nach Niederösterreich und der Steiermark.

AUFTAKT

Eigentlich wäre es ja das größte der österreichischen Länder, doch durch den Friedensvertrag von St. Germain nach dem Ersten Weltkrieg im Jahr 1919 wurde Tirol zerrissen: Süd- und Welschtirol (das heutige Trentino), kamen zu Italien, Nord- und Osttirol, hunderten zusammengewachsen war. Wieder waren es also die Berge, die Tirols Schicksal beeinflussten. Mit dem Beitritt zur EU 1995 näherten sich Tirol und Südtirol jedoch wieder an und arbeiten heute in vielen Bereichen zusammen.

So sehen glückliche Kühe aus: Sommer auf den Almwiesen Tirols

die nicht aneinandergrenzen, blieben bei Österreich. Das heutige Tirol

> **Wer Tirol verstehen will, muss in die Höhe der Gebirge**

misst damit nur noch zwei Fünftel seiner ursprünglichen Größe. Die Siegermächte zogen die neue Grenze entlang der Pässe des Alpenhauptkamms, einer natürlichen Nahtstelle, an der das Land aber schon vor Jahr-

Die Berge waren also – mal gewollt, mal ungewollt – über Jahrhunderte verantwortlich für den Weg, den Tirol gegangen ist. Darum ist es für die Gäste Pflicht, neben dem Besuch all der wunderbaren Sehenswürdigkeiten in den Städten und Tälern, den einen oder anderen Ausflug in die Höhe zu machen. Abgesehen davon, dass das Gebirge ein Naturraum einzigartiger Schönheit ist: Um Tirol und die Menschen, die dort wohnen, zu verstehen, führt am Berg kein Weg vorbei.

▶▶ TREND GUIDE TIROL

Die heißesten Entdeckungen und Hotspots! Unser Szene-Scout zeigt Ihnen, was angesagt ist

Daniel Stock
bezeichnet sich selbst als Gastronaut. Er betreibt das *Sporthotel Stock* im Zillertal. In seiner Freizeit ist er auf Events zwischen dem Zillertal, Kitzbühel und Ischgl zu finden. Klar, dass er mit seinem Tiroler Charme regelmäßig im Ranking der begehrtesten Junggesellen Österreichs weit oben landet und sich in der Szene top auskennt! Um Kraft und Ruhe zu tanken, zieht es ihn sommers wie winters in die Berge.

▶▶ DIE NEUE ALPENROMANTIK

Stil und Style

Hüttenzauber mal anders: Statt auf Massenabfertigung setzen die neuen Almhütten auf außergewöhnliches Ambiente, frische Küche und erlesene Weine. Mit Champagnerfrühstück, eigenem Weinkeller und Sommelier punktet die *Schneekarhütte* in Mayrhofen. Die Küchenbri-

gade verwandelt Biozutaten aus der Region in feinste Gerichte wie Pastinaken-Risotto mit Rucola und Schmortomaten oder Kürbiskrokantparfait an Marillenröster *(Gipfel vom Horberg, www.schneekarhuette.com)*. Hingucker und Highlight ist die *Iglu-Bar* in Mayrhofen: Auf 2000 m entspannen sich Skifahrer, Snowboarder oder Wanderer zu Loungemusik im Liegestuhl, dienstagabends wird das Iglu zur Partylocation. Wer möchte, übernachtet in einer der zehn Iglu-Suiten *(Ahornplateau, oberhalb Bergstation Ahornbahn, www.white-lounge.at,* Foto*)*. Gemütlichkeit und Stil erwartet Schneefans in der *Skilounge* in Serfaus – die Skischuhe werden vor der Tür ausgezogen und durch strassverzierte Filzpantoffeln ersetzt. Ledersofas und ein offener Kamin sind das passende Ambiente für erstklassige Weine oder Zigarren aus dem Humidor *(Mittelstation, Komperdell-Seilbahn)*.

SZENE

▶▶ INDIE

Alles nur kein Mainstream

In ist, was anders ist: Tiroler Newcomerbands schwimmen mit ihren Indie-Sounds gegen den Strom. Wie die sechsköpfige Tiroler Band *Nepomuk*, die feinsten Rock mit Jazz, Funk und Powerpop mischt *(www.myspace.com/nepohausen)*. Den karibischen Sommer bringen die Jungs und Mädels von *'ntschaskana* mit ihren unverwechselbaren Ska-Songs in die Berge *(www.ntschaskana.com, Foto)*. Im Kulturcafé *Propolis* in Innsbruck gibt's neben zwei Bandräumen und einem Tonstudio auch regelmäßige Konzerte *(Reichenauer Str. 72, www.kulturcafepropolis.com)*. Live-Gigs stehen auch im Veranstaltungszentrum *Hafen* auf dem Programm *(Innrain 149, Innsbruck, www.hafen.cc)*.

▶▶ CRAZY & FUNNY

Veranstaltungen, die es in sich haben

Kuriose Events sind die Publikumsmagneten in Tirol. Je abgefahrener, desto besser. So lockt das *Jump & Freeze* jedes Jahr mehr Zuschauer nach Westendorf. Sie wollen Zeuge werden, wie Wagemutige mit skurrilen Gefährten und auf Skiern die Piste runterdüsen und in einem riesigen Eiswasserbecken landen *(www.jumpandfreeze.com)*. Spaß und Action kommen auch beim *Water-Slide Contest* in Serfaus-Fiss-Ladis an: Auf Skiern oder Snowboard gleiten Tollkühne über ein 13 m langes Wasserbecken. Prämiert werden u.a. der spektakulärste Sturz und das verrückteste Outfit *(www.serfaus-fiss-ladis.at, Foto)*. Flotte Musikanten aus vier Ländern messen sich bei der *Internationalen Blasmusik-Skimeisterschaft* auf der Piste und Naturrodelbahn in der Wildschönau *(www.musikkapelle-muehltal.at)*.

▶▶ MODERNE ARCHITEKTUR

Kunst am Bau

Spektakulär und modern – aufsehenerregende Bauten ziehen die Blicke auf sich. Dabei achten die Architekten bei der Wahl ihrer Materialien darauf, dass sich die Gebäude in das Landschaftsbild einfügen. Statt auf Einheitlichkeit legt die Supermarktkette *M-Preis* bei ihren Filialen Wert auf individuelle Baukunst von jungen Architekten, die bereits mehrfach preisgekrönt wurde. Auf 1400 m Höhe thront der Laden in Sölden direkt über einer Felsschlucht *(Dorfstr. 153, Sölden, www.mpreis.at,* Foto). Die Attraktion des Veranstaltungszentrums *Forum* ist die hinter der Bühne versenkbare Glasfront, die so auch für Open-Air-Events auf dem großen Platz genutzt werden kann *(Rathausplatz 1, Rum, www.rum.at/forum)*. Toll: Architekturfans können sich mit dem Tool *architek[tour] tirol* ihre eigene Tour zu zeitgenössischen Bauwerken in Tirol zusammenstellen *(www.aut.cc)*.

▶▶ WÜRFELSPASS

Funsport Sixcup

Das Eckige muss ins Runde! Beim neuen Trendsport *Sixcup* befördern die Spieler einen speziellen Würfelball in drei verschieden hohe Plexiglas-Halbkugeln – wahlweise im Team oder jeder gegen jeden. Dabei darf der mit Zahlen versehene Würfel, auch *Cyouball* genannt, geworfen oder geschossen werden. Könner versenken ihn über mehrere Stationen hinweg aus einer Distanz von bis zu 300 m in den Cups. Nach der Landung entscheiden die Anzahl der Würfe und die oben liegende Punktzahl wer gewinnt *(Infos unter www.sixcup.org,* Foto). Regelmäßig heißt es in Fiss *(hinter dem Kulturhaus)* und in St. Anton ran an den Würfel *(Grünfläche beim Zielstadion, www.sommer-aktiv.at)*. Der Trendsport ist so beliebt, dass sogar Hotels wie das *Schlosshotel Fiss* Sixcup in ihr Aktivprogramm aufgenommen haben *(Laurschweg 28, Fiss, www.schlosshotel-fiss.at)*.

►► SZENE

►► TIROLER NASCHWERK

Schokolade Deluxe

Den Tirolern läuft schon beim Gedanken an handgeschöpfte Schokolade das Wasser im Munde zusammen. In Verzückung geraten sie dann, wenn sie die Schokolade von Johannes Bachalm langsam auf der Zunge zergehen lassen. Ganz oben auf der Liste der Lieblingstafeln stehen die mit Rosa Flieder und Veilchenblättern *(Hauptplatz 1, Kirchdorf, www.bachhalm.at, Foto)*. Hansjörg Haag spielt in der Oberliga der Chocolatiers: Dank Bio-Frischrahm vom Tiroler Grauvieh schmecken seine Kreationen mit Almrosenhonig oder Tiroler Bergminze besonders edel *(www.tiroleredle.at)*. Naschkatzen finden die Tafeln u. a. in der *Chocolateria Edel & Süss (Dorfstr. 50a, Radfeld, www.chocolateria.at)*.

►► STYLE SHOPPING

Modisch die Nase vorn

Mit ihren schicken Kreationen setzen die Designer der Region auf eine reduzierte Form der Trachtenmode, die auch jenseits der Alpen ankommt. So kombiniert Susanne Prister in ihren Kollektionen gekonnt Tradition und Moderne: Edles Naturmaterial wie Seidenfilz trifft auf elegante Schnitte *(Speckbacherstr. 2, Innsbruck, www.prister.at, Foto)*. Neben seiner klassisch-sportiven Mode verkauft Bernd Mühlmann in seinem Store auch die Labels anderer Designer *(Seilergasse 5, Innsbruck, www.muehlmann.eu)*. Sabine Sommeregger aus Kitzbühel entwirft alpine Mode wie moderne Walkmäntel *(www.sabine-sommeregger.at)*.

►► KUNSTVOLL

Innovativ & Kreativ

Tirols Kreative setzen auf zeitgenössische Kunst. Der Hotspot für moderne Fotokunst, Grafik und Video ist die Galerie *FO.KU.S*, die als offener Kunstraum in der Innsbrucker Innenstadt fungiert *(Foto Kunst Stadtforum, www.btv-fokus.at, Foto)*. Junge österreichische Talente zeigt die *Galerie Rhomberg (Templstr. 2–4, Innsbruck, www.galerie-rhomberg.at)*. Die Werke der multimedialen Künstlerin Margret Schiestl sind in ihrem Atelier in Hippach zu sehen *(Afelden 152, www.margretschiestl.at)*.

Bild: Kufsteiner Bauernhaus im Kaisergebirge

> VON BOLLYWOOD ZUR RUSSEN-SAGA

Warum werden die Tiroler bei Föhn grantig? Wer hat die Schreibmaschine erfunden? Antworten auf die Geheimnisse Tirols

BOLLYWOOD

Die größte Filmindustrie der Welt ist nicht etwa Hollywood, sondern das asiatische Pendant Bollywood – eine Wortkreation, zusammengestückelt aus der indischen Stadt Bombay und Hollywood. Mehr als 1000 Spielfilme werden jedes Jahr in dieser Traumfabrik produziert. Gemeinsamkeiten gibt es in fast allen Bollywood-Filmen: Sie sind sehr farbenprächtig, fast immer wird getanzt und gesungen und die Handlung dreht sich oft um Liebe. In Traumszenen sieht der Held seine Angebetete schon in seinen Armen, muss aber im „realen" Leben erst noch so manch Abenteuer bestehen, bis sein Wunsch in Erfüllung geht. Diese Traumszenen spielen sich oft an für Inder exotischen Orten ab – und dafür wurde in den vergangenen Jahren immer öfter Tirol ausgewählt. Denn in Indien

STICH WORTE

gelten die schneeverwehten Berge und die saftig grünen Täler als besonders reizvoll. Mehr als 60 indische Filmproduktionen wurden schon teilweise in Tirol gedreht. Die bisher größte indische Produktion war „Yuvraaj". Fast zwei Monate lang drehten 2007 die Superstars Salman Khan, Anil Kapoor und Katrina Kaif in Innsbruck, Wattens, Kufstein, im Alpbach- und im Stubaital. Die vielen Filme haben auch dazu geführt, dass mehr Inder nach Tirol in den Urlaub fahren: In den letzten acht Jahren ist die Zahl um mehr als das Doppelte auf 23 000 Gäste jährlich gestiegen.

DIALEKT

Der Tiroler Dialekt ist hart. Einige Laute – vor allem *k* und *ch* – werden kehlig ausgesprochen, es entsteht das typische Krachen. Außerdem wird *sch* gern dort gesprochen, wo eigentlich ein *s* hingehört. Jedes Tal hat seinen eigenen Dialekt. Das Außerfern ist ein Sonderfall und teilt sich in zwei Regionen: Die Zugspitzarena bis Reutte wurde von Imst her besiedelt, die Aussprache ist ein raues Oberländlerisch. Das Lechtal jedoch besiedelten zuerst die Alemannen, die Aussprache ist deswegen mit dem Schweizerischen verwandt. Auch im Paznauntal sind noch Spuren des Alemannischen vorhanden. Auch wenn die Tiroler wegen ihrer Aussprache in anderen Regionen Österreichs gern auf den Arm genommen werden: In Tirol ist man stolz auf dieses Unterscheidungsmerkmal zu den anderen Bundesländern. Zahlreiche Mundartdichter, darunter Hans Haid als einer der Berühmtesten, haben mit ihren Werken Erfolg. Die Gruppe „Bluatschink" aus dem Außerfern stürmte mit mundartlichen Songs sogar die österreichischen Hitparaden, obwohl sie im Rest des Landes gar nicht verstanden wurden.

ERFINDERGEIST

Tiroler sind nicht nur ein findiges, sondern auch ein erfinderisches Volk. 1832 etwa baute der Osttiroler Simon Stampfer das Lebensrad, das bewegte Bilder vortäuschen konnte und als Vorläufer des Kinematografen gilt. Ohne den aus Südtirol stammenden Peter Mitterhofer würden wir den Computer heute wohl nicht so nutzen, wie wir es tun: Er erfand in den 1860er-Jahren die Schreibmaschine, die später ihren Siegeszug durch die Welt antrat. Der Tischler baute davon fünf Stück und präsentierte sie am Kaiserhof in Wien. Doch die Erfindung stieß auf keine Zustimmung. Gekränkt versteckte Mitterhofer die Schreibmaschinen auf seinem Dachboden, wo sie erst rund zehn Jahre nach seinem Tod gefunden wurden.

Überhaupt war das 19. Jh. ein sehr ideenreiches Jahrhundert. Der in Kufstein geborene und nach Wien ausgewanderte Josef Madersperger erfand 1814 die erste Nähmaschine. Christian Reitmann aus St. Jakob in Haus baute um 1870 die ersten Zwei- und Viertaktmotoren. Und der Welschtiroler Alois Negrelli plante 1846–56 den Suezkanal, der 1869 eröffnet wurde.

FÖHN

Mit bis zu 150 km/h fällt dieser warme Wind in das Inntal herab. Föhn kommt aus Italien, lässt Luftfeuchtigkeit in Form von Regen dort, schleppt sich über die Berge und gewinnt beim Abstieg deutlich an Geschwindigkeit und Temperatur. Sogar im Winter kann es auf diese Weise zu Plusgraden kommen, dann schmilzt der Schnee. Fällt der Föhn zusammen, folgt meist schlechtes Wetter. Der warme Wind sorgt bei vielen Menschen oft für Kreislaufbeschwerden, Kopfweh und Schlafstörungen. Weht er länger als eine Woche, können die Innsbrucker schon mal grantig werden.

GLETSCHER

Dass Ötzi 1991 aus dem Gletscher herausschmolz, war weniger ein Zufall als vielmehr die Folge des Treibhauseffekts, der sich in Tirol massiv bemerkbar macht: Die globale Er-

STICHWORTE

wärmung bringt die Gletscher, das Wasserreservoir der Alpen, zum Schmelzen. Vorsichtige Schätzungen gehen davon aus, dass am Ende dieses Jahrhunderts drei Viertel aller Gletscher verschwunden sein werden, manche Prognosen sprechen schon von 2050. Für Tirol hat das katastrophale Auswirkungen: Kurzfris-

Universität gibt es mehrere Projekte, die erforschen, wie das Abschmelzen der Gletscher zu verlangsamen ist. Beispielsweise durch Verdichten der Schneedecke: Wasser wird in die Schneeschicht oder den Gletscher gespritzt und mit einem Vlies abgedeckt – als Schutz vor der Sonne. Solche und ähnliche Maßnahmen

Die Natur als Tunnelbaumeister: Eishöhle im Tuxer Gletscher

tig wird das Schmelzwasser vermehrt zu Überschwemmungen und Murenabgängen führen. Längerfristig aber trocknen die Wasserspeicher aus – Wasser wird knapp. Die Folgen wären fatal für die Menschen, die Natur und nicht zuletzt die Wirtschaft. Denn sind die Alpen eisfrei, bleiben auch die Touristen aus, die seit einem Jahrhundert dem Land den Wohlstand bringen. An der Innsbrucker

zeigen kleine Erfolge, können den Prozess jedoch nicht aufhalten.

HEILIGES LAND

Dieser Beiname von Tirol geht auf die Zeit der Gegenreformation im 16. Jh. zurück. Die Habsburger regierten Österreich und setzten, teilweise mit Gewalt, den katholischen Glauben durch, von dem fast das ganze Land abgefallen war. Im Osten wandten sich die Menschen den Lehren Luthers zu, in Tirol erfreuten sich die Täuferbewegungen großen Zuspruchs. Also holte man katholische Orden ins Land, die den Katholizismus fördern sollten: Prozessionen und Wallfahrten erlebten einen neuen Aufschwung, Andersgläubige wurden gnadenlos verfolgt. Noch 1837, also 300 Jahre später, wurden 427 Zillertaler Protestanten des Landes verwiesen. Aufgrund der rigorosen Verfolgung und Vertreibung der Protestanten weist Tirol heute mit weit mehr als 90 Prozent den höchsten Anteil an Katholiken aller österreichischen Bundesländer auf. Immer noch nehmen Prozessionen und Wallfahrten einen hohen Stellenwert ein. In den letzten Jahren allerdings ist die Zahl der Kirchenaustritte angestiegen und auch die Zahl der praktizierenden Katholiken ist konstant im Sinkflug begriffen.

ÖTZI

Ötzi oder „Frozen Fritz", wie er im Englischen genannt wird, war ein etwa 45-jähriger Mann und lebte um 3000 v. Chr. Er starb an einem Pfeil, der seine Schulter durchbohrte und seine Hauptschlagader durchtrennte. Man nimmt an, dass er auf der Flucht war oder von einem Angriff überrascht wurde. Der Fund der Eismumie in der Nähe des Hauslabjochs in den Ötztaler Alpen Anfang der 1990er-Jahre war jedenfalls eine archäologische Sensation: Nie zuvor war eine derart gut konservierte Leiche aus der Kupferzeit in Mitteleuropa gefunden worden. Noch dazu brachte Ötzi einen Großteil seiner Ausrüstung mit in unsere Zeit: seine Axt, seine Bekleidung, sein Jagdgerät. Er war tätowiert und zu medizinischen Zwecken akupunktiert worden. Stück für Stück gab er den Wissenschaftlern preis, wie das Leben in der Steinzeit, lange bevor es in den Alpen schriftliche Aufzeichnungen gab, ausgesehen haben muss. Und da es sich um eine richtige Mumie handelt, umranken den Mann aus dem

Kirche in Kals, allein auf weiter Flur

> *www.marcopolo.de/tirol*

STICHWORTE

Eis – genau wie den berühmten Pharao Tutenchamun – allerlei mythische Gerüchte: Sein Finder, der Deutsche Helmut Simon, und einige der Ärzte und Archäologen sind mittlerweile verstorben – und man sagt, es sei der Fluch des Ötzi, der die Männer dahingerafft habe.

RUSSEN

Felix Mitterers vierteilige Fernsehsatire „Die Piefke-Saga" ist legendär: Der typisch deutsche Urlauber und die Tiroler Gastfreundschaft werden dabei gehörig auf die Schippe genommen. Jetzt verfasste Mitterer eine Fortsetzung des Stücks: „Die Russen-Saga", bei der der deutsche Urlauber in Tirol auf eine reiche russische Familie treffen und allerhand Kulturkonflikte vorprogrammiert sind. Hintergrund der Satire ist die große Zahl an russischen Gästen, die seit dem Fall des Eisernen Vorhangs die noblen Tiroler Skiorte besuchen. Mehr als 200 000 verbringen jährlich das orthodoxe Weihnachtsfest Anfang Januar in Tirol. Aufgrund der unterschiedlichen Kultur und der fremden Sprache wurden diese neuen Besucher von Stammgästen und einheimischen Touristikern kritisch beäugt und nicht immer so geliebt wie der Rubel, den sie gerne und viel in Tirol ausgaben. In den vergangenen Jahren hat sich Tirol aber auf die neuen Gäste eingestellt: Viele Hotels beherbergen zur russischen Hauptreisezeit nur noch Russen, es gibt Speisekarten auf Russisch, und an den Volkshochschulen werden Russischkurse für Skilehrer angeboten. Und seit Innsbruck bei der Euro 2008 die russische Mannschaft und mit ihr Zehntausende Fans beherbergte, ist die Skepsis gegenüber den neuen Gästen verschwunden.

> DAS KLIMA IM BLICK
Handeln statt reden — atmosfair

Reisen bereichert und verbindet Menschen und Kulturen. Jedoch: Wer reist, erzeugt auch CO_2. Dabei trägt der Flugverkehr mit bis zu 10 % zur globalen Erwärmung bei. Wer das Klima schützen will, sollte sich somit nach Möglichkeit für die schonendere Reiseform (wie z.B. die Bahn) entscheiden. Wenn keine Alternative zum Fliegen besteht, so kann man mit *atmosfair* handeln und klimafördernde Projekte unterstützen.

atmosfair ist eine gemeinnützige Klimaschutzorganisation.

Die Idee: Flugpassagiere spenden einen kilometerabhängigen Beitrag für die von ihnen verursachten Emissionen und finanzieren damit Projekte in Entwicklungsländern, die dort helfen den Ausstoß von Klimagasen zu verringern. Dazu berechnet man mit dem Emissionsrechner auf *www.atmosfair.de* wie viel CO_2 der Flug produziert und was es kostet, eine vergleichbare Menge Klimagase einzusparen (z.B. Berlin–London–Berlin: ca. 13 Euro). *atmosfair* garantiert, unter der Schirmherrschaft von Klaus Töpfer, die sorgfältige Verwendung Ihres Beitrags. Auch der MairDumont Verlag fliegt mit *atmosfair*.

Unterstützen auch Sie den Klimaschutz:
www.atmosfair.de

RINGKÄMPFE, CLOWNFESTIVALS

Der Mix aus Moderne und Tradition bringt den Tirolern spannende Events

■ OFFIZIELLE FEIERTAGE ■

1. Jan. *Neujahr;* **6. Jan.** *Dreikönig;* **März/April** *Ostermontag ;* **1. Mai** *Tag der Arbeit;* **Mai/Juni** *Christi Himmelfahrt, Pfingstmontag, Fronleichnam;* **15. Aug.** *Mariä Himmelfahrt;* **26. Okt.** *Nationalfeiertag;* **1. Nov.** *Allerheiligen;* **8. Dez.** *Mariä Empfängnis;* **25./26. Dez.** *Weihnachten*

■ FESTE UND VERANSTALTUNGEN ■

Januar

★ *Hahnenkammrennen* in Kitzbühel (www.hahnenkamm.com)
4. Jan.: *Vierschanzentournee* am Bergisel in Innsbruck.

Februar/März

In der Fasnachtszeit wird der Winter ausgetrieben. Am berühmtesten ist der ★ *Imster Schemenlauf,* der Hexensabbat, alle vier Jahre am So vor dem Faschingssonntag *(nächster Termin: 2013).* Beim *Telfer Schleicherlaufen (alle fünf Jahre)* führen die Schleicher mit ihrem prächtigen Kopfschmuck ihren Tanz vor *(nächster Termin 31. Jan. 2010).*
Beim *Mullerlaufen* in Thaur *(alle drei bis fünf Jahre)* bringen Zotteler und Zaggeler mit einem Schlag auf die Schulter Fruchtbarkeit für das kommende Jahr.
Beim *Wampelerreiten* in Axams *(alle vier Jahre, nächster Termin 2010)* bringen die Reiter die Wampeler in ihren Frauenkleidern zu Fall.
Das *Funkenbrennen* in Finswang/ Außerfern zeigt in Tirol das Ende der Fasnacht an.
Am 12. März läuten Kinder mit Kuhglocken beim *Grasausläuten* im Unterinntal den Frühling herbei.

Mai/Juni

Am 1. So im Mai wird mit viel Bier und Ranggeln (einem Ringkampf) der berühmteste Tiroler Kirchtag, das ★ *Gauderfest* in Zell am Ziller, gefeiert. *www.gauderfest.at*
Um den 21. Juni leuchten in ganz Tirol auf den Bergen *Sonnwend-, Johannes-* oder *Herz-Jesu-Feuer.*

Aktuelle Events weltweit auf www.marcopolo.de/events

> EVENTS
FESTE & MEHR

Ende Juni–Mitte Juli: Moderne und klassische Tanzaufführungen beim *Tanzsommer Innsbruck*. *www.tanzsommer.at*

Juli
Ambraser Schlosskonzerte
Zum *Olala-Straßentheaterfest* nach Lienz kommen Gaukler und Artisten aus der ganzen Welt. *www.olala.at*
Mitte Juli: *Tiroler Festspiele Erl*

August
Ende Juli–Ende August werden bei den *Tiroler Volksschauspielen Telfs* große Stücke im besten Tiroler Volkstheater aufgeführt. *www.volksschauspiele.at*
Innsbrucker Festwochen Alter Musik
Beim *Festival der Träume* bezaubern die besten Clowns der Welt.
Fr und Sa wird beim *Operettensommer in Kufstein* auf der Festung gespielt.
www.operettensommer.com

September/Oktober
Sprachsalz: Tiroler Literaturtage in Hall.
www.sprachsalz.com

Klangspuren: Festival zeitgenössischer Musik in Schwaz. *www.klangspuren.at*
Bergfilmfest in St. Anton. *www.filmfest-stanton.at*
FIS Skiweltcup Opening: Um den Nationalfeiertag am 26. Okt. wird die alpine Skisaison in Sölden eröffnet

November
1./2. Nov.: Beim *Krapfenschnappen* in Lienz machen junge Burschen mit Holzspielzeug Radau. Als Geschenk gibt es einen Krapfen
Sonntag nach dem 6. Nov.: *Leonhardiritt* in Kundl

Dezember
⭐ *Innsbrucker Christkindlmarkt*: einer der schönsten Weihnachtsmärkte der Alpen in der Altstadt
5./6. Dez.: In vielen Orten treibt der *Krampus*, der böse Begleiter des hl. Nikolaus, sein Unwesen.
26. Dez.: *Stefani-Pferdeschlittenrennen* in St. Johann
31. Dez.: *Innsbrucker Bergsilvester*

> BODENSTÄNDIG UND GUT

Mit Liebe und Geschmack zubereitet – die Tiroler Küche setzt auf frische heimische Produkte

> Der Berg hat nicht nur das Land und den Charakter der Tiroler geformt, sondern auch die Küche. Denn das Leben war hart und anstrengend in der bäuerlichen Almwirtschaft. Damit einher ging ein sehr eingeschränkter Speiseplan.

Begrenzte Anbauflächen und lange Winter sorgten dafür, dass die Tiroler oft mit wenig Nahrung auskommen mussten. Geld für zusätzliche Lebensmittel fehlte meist. So wurde verwendet, was vorhanden war. Das beste Beispiel ist das berühmte Tiroler Gröstl: eigentlich eine simple Resteverwertung, in der am Montag alles verarbeitet wurde, was vom Sonntagsbraten übrig war.

Am ursprünglichsten isst man heute wohl noch auf einer der zahlreichen Tiroler Almhütten. Typisch für die Speisekarten der Hütten sind die Tiroler Knödel mit Speck in einer klaren Rindsuppe oder die Kasknödel, mit Käse gefüllt. Sehr beliebt

> www.marcopolo.de/tirol

ESSEN & TRINKEN

sind dort auch Schlutz- oder Schlipfkrapfen, Tiroler Ravioli, meist mit einer Füllung aus Kartoffeln (die in Tirol Erdäpfel oder Patati heißen).

Sehr traditionell isst man heute in einem der 124 zertifizierten Tiroler Wirtshäuser *(www.tiroler-wirtshaus.at)*, gekennzeichnet durch ein grünes Schild mit drei Blättern. Von Kaskrapfen über Tiroler Speckforelle bis zu Lammrücken mit Petersilienkrustel und Brottorte mit Haselnüssen reicht die Palette. Drei Bedingungen haben sich diese Wirtshäuser auf die Fahnen geschrieben: die Liebe zur Tiroler Kost, die Verwendung frischer, heimischer Produkte sowie authentische Atmosphäre und Architektur. Außerdem wird regelmäßig überprüft, ob diese Betriebe ihren Standard beibehalten.

Neben den traditionellen Restaurants findet man in Tirol die „Jungen Wilden", die neue Maßstäbe mit ihren Restaurants setzen. Der Zillertaler Alexander Fankhauser ist einer von ihnen. Er gehört zu den berühmtesten Köchen Österreichs und ist bekannt für seine neuartigen Kreationen sowie seine zehngängigen Menüs, mit denen er in Hochfügen im *Restaurant Alexander* die Gäste verzaubert, aber auch, weil er in einer eigenen Kochsendung im ORF-Fernsehen seine Geheimnisse verrät. Alexander Fankhauser, Martin Sieberer von der *Paznauner Stube* in Ischgl oder Simon Taxacher vom *Rosengarten* in Kirchberg vertrauen auf traditionelle Tiroler Küche, verfeinern sie und zaubern neue Kreationen in ihre Menüs. Ihre Mühe hat sich gelohnt,

> SPEZIALITÄTEN
Genießen Sie die typisch Tiroler Küche!

Apfelradln – in Teig getauchte und in Fett gebackene Apfelringe, mit Zucker serviert

Bauernschmaus – große Holzplatte garniert mit Sauerkraut, Schweinskoteletts, Selchfleisch, Wiener (Frankfurter) Würstchen und Petersilienkartoffeln

Brezensuppe – stammt aus dem Unterland: Klein geschnittene Laugenbrezen werden mit (Grau-)Käse bestreut und mit Rindssuppe aufgegossen

Gerstensuppe – wird mit geräuchertem Schweinefleisch und Speck serviert

Graukas – säuerlicher Käse aus Magermilch, der mit Essig, Öl und viel Zwiebeln serviert wird

Kartoffelpaunzen – dicke, kurze Nudeln aus Kartoffelteig; werden süß mit Zucker, als Beilage oder als Hauptspeise etwa mit Kraut und Speck gegessen

Kaspressknödel – flache Semmelknödel mit Petersilie und pikantem Käse, meist in klarer Suppe serviert

Scheiterhaufen – überbackenes Weißbrot mit Milch, Äpfeln, Rosinen und Zucker zu einem Türmchen aufgestapelt

Schlutzkrapfen – auch Schlipfkrapfen genannt: Teigtaschen mit Fleisch und Kartoffeln gefüllt (Foto)

Spinatspatzln – durch den Spinat im Teig grün gefärbte Spätzle, werden oft mit Rahmsauce serviert

Tiroler Leber – dünne Leber, die mit Speck gebraten und Wein aufgegossen wird

Tiroler Muas – fester Grießbrei, den jeder mit seinem Löffel direkt aus der Pfanne isst

Tiroler Speckknödel – Semmelknödel mit Tiroler Speck, in Suppe oder auf Kraut serviert

Virgentaler Schöpsernes – Lammkeule auf Osttiroler Art

Zelten – Früchtebrot mit Anis, Dörrbirnen, Feigen, Nüssen, Rosinen; wird zu Weihnachten gegessen

ESSEN & TRINKEN

diese Restaurants gehören zu den besten zwanzig in ganz Österreich, zusammen mit dem *Schalber* in Serfaus oder dem *Pavillon* in Innsbruck. Vor allem der mediterrane Einfluss verfeinert meist die heimische Küche. Dem Mittelmeer fühlt sich der Tiroler schon aufgrund der Nähe zu Italien zugetan.

Auch wenn Tirol für seine Süßspeisen nicht so berühmt ist wie etwa Wien mit Sachertorte und Kaiserschmarren – Schleckermäulchen kommen hier sicher nicht zu kurz: *Kiachln*, in Öl gebackene Hefeteigringe, die traditionell auf dem Christkindlmarkt gegessen werden, mit Marmelade oder Vanillecreme gefüllte Krapfen oder Moosbeernocken, Heidelbeeren in Teig getaucht, sind nur ein kleiner Auszug aus dem üppigen Süßspeisenrepertoire Tirols. Natürlich gibt es in den zahlreichen Cafés und Konditoreien Torten und Kuchen in allen Variationen. Einen kleinen Ableger des berühmten *Café Sacher* gibt es in der Innsbrucker Altstadt, neben der Hofburg.

Traditionell wird zum Essen in Tirol Bier getrunken. Grund dafür ist auch, dass die hohe Lage und der lange Winter nicht ideal für Wein sind. Außer in einem kleinen Weingut in Zirl gibt es in ganz Tirol keine Reben. In jedem besseren Lokal finden Sie jedoch eine ausgesuchte Weinkarte. Waren es bis vor ein paar Jahren noch italienische Tropfen, die in Tirol an erster Stelle standen, so sind es heute mehr österreichische Weine. Grund dafür ist auch, dass sich der Osten Österreichs als Weinland etabliert hat: Niederösterreich, das Burgenland oder die Steiermark zählen mittlerweile zu den besten Weinbaugebieten der Welt. Speziell Weißweine wie der Grüne Veltliner gehören zu den Spitzensorten. Unter den Rotweinen ist der Zweigelt einer

Der „Wilde Mann" in Lans ist eines der besten Wirtshäuser in Tirol

der bekanntesten. Aber auch Edelvernatsch und Grauvernatsch, eine Rotweinsorte, die speziell in Südtirol verbreitet ist, sind sehr beliebt.

Wem das alles zu üppig wird, dem hilft einer der berühmten Tiroler Digestifs: Das allseits bekannte *Schnapserl*, egal ob Obstler, Marille, Vogelbeere oder Birne, ist unverzichtbar und rundet jedes Mahl ab.

SCHNITZKULTUR, ETHNO-LOOK

Tirol bietet Shoppingfans vieles – vom Kunsthandwerk bis zur Trachtenmode

> Handwerk hat in Tirol große Tradition. Seit Jahren schon ist das Land bekannt für seine Schnitzkunst, aber auch für die Glaskunst. Und auch Tiroler Mode geht über Dirndl und Lederhose hinaus.

GLAS

Die Glasbläserei ist vor allem in Rattenberg und in Kramsach zu Hause. In den kleinen Geschäften sehen Sie hier die Glasbläser bei der Arbeit, wie sie Blumen, Figuren, Vasen oder Flaschen blasen, die meist noch kunstvoll bemalt werden.

Weltberühmt für ihre Glaskristalle ist die Tiroler Firma *Swarovski* mit Firmensitz in Wattens. In den Kristallwelten oder der Filiale in Innsbruck kaufen Sie Modeschmuck und Figuren.

Glas ganz anderer Art stellt die Firma *Riedel* in Kufstein her. Schon in den 1950er-Jahren begann die Firma, Weingläser zu produzieren, die den Geschmack des Weins betonen. Heute gehören handgeblasene Riedel-Gläser zu den exklusivsten Weingläsern der Welt.

LODEN & LEDER

Loden (verwobenes und gewalktes Schafsgarn) und Leder sind Teil der Tiroler Tracht, und zwar aus ganz einfachen Gründen: Die Materialien wärmen, sind strapazierfähig, aber vor allem sind sie in Tirol im Überfluss vorhanden. Die Bauern konnten sie in Heimarbeit bearbeiten oder von fahrenden Händlern verschönern lassen. Jacken oder „Filzpatschen" (Filzpantoffeln) etwa sind aus Loden, aber auch der berühmte Tiroler Hut. Für die traditionelle Hose verwendete man Leder. Auch die Knöpfe wurden von den Bauern im Winter in Handarbeit hergestellt. Als Grundlage dafür dienten ihnen Hirschgeweihe. Loden gilt heute in Tirol als schick. Es ist teuer und in gut sortierten Boutiquen erhältlich.

SCHNAPS

Früher wurde alles gebrannt, was während des Gärprozesses genug Alkohol erzeugte: Zwetschgen, Äpfel, Marillen

EINKAUFEN

oder eine Obstmischung, aber auch Rüben und Kartoffeln. Dementsprechend scharf lief der Tropfen die Kehle hinunter. Mittlerweile hat sich das geändert. Die edlen Tropen gewinnen Auszeichnungen. Besonders beliebt ist nach wie vor der würzige Obstler, der feine, mandelartige Vogelbeerschnaps, aber auch der süße Zirbenschnaps, der aus den Zapfen der Zirbelkiefer hergestellt wird.

SCHNITZHANDWERK

Vor allem das Außerfern ist bekannt für seine Schnitztechnik. Traditionell sind es christliche Motive, Kruzifixe und Heiligenfiguren, die geschnitzt wurden, aber auch kunstvolle Verzierungen wurden geschaffen. Immer noch finden sich im Lechtal Kunstschnitzer des alten Schlags, in manchen Geschäften und Werkstätten können Sie ihnen bei der Arbeit zuschauen.

Sehr liebevoll geschnitzt oder gedrechselt finden Sie Krippenfiguren aus Holz in verschiedenen Größen. Die gängigsten sind 6 bis 18 mm hoch, wobei immer der hl. Josef als Maß genommen wird.

VOM BAUERN

Der Verkauf ab Hof hat in Tirol lange Tradition und lebt in den letzten Jahren wieder auf. In jedem kleinen Dorf gibt es mehrere Bauern, die ihre Produkte direkt auf dem Hof verkaufen und oft eine breite Palette anbieten, aus der Sie wählen können: Hauswürste, Speck, Fleisch, Milchprodukte wie Käse, Honig, aber auch hochprozentig Selbstgebranntes wie Marillen- oder Zwetschgenschnaps oder Obstler. Daneben bieten Bauern je nach Jahreszeit auch Obst, Gemüse und Marmelade.

Außerdem wird in fast allen Orten Tirols regelmäßig ein Bauernmarkt veranstaltet, bei dem die lokalen Landwirte gemeinsam ihre Produkte auf dem Hauptplatz anbieten. Das Angebot ist zwar auf solchen Märkten nicht immer billiger als im Lebensmittelladen, dafür aber garantiert Bio.

> DAS HERZ TIROLS

Urbaner Charme und markante Bergwelt verschmelzen zu einer Einheit

> **> Die Region rund um Innsbruck wählte einst Kaiser Maximilian I. als Zentrum, um sein riesiges Weltreich zu regieren. Heute ist sie das kulturelle Zentrum Tirols.**

Maximilian war ein begeisterter Jäger und liebte die Berge rund um Innsbruck: die schroffe Nordkette mit der Martinswand, in der er sich der Legende nach einmal verstieg und erst durch einen weißen Hirsch, der ihm den Weg wies, gerettet wurde. Auch den mächtigen Patscherkofel im Süden, der Hausberg Innsbrucks, und das Stubaital mit seinen imposanten Bergen schätzte Maximilian I. Und selbstverständlich war auch das Geld, das in Hall geprägt wurde, ein guter Grund, in Innsbruck zu residieren. Die Region ist heute das kulturelle Herz des Bundeslandes, mit zahlreichen Veranstaltungen, den schönsten Museen des Landes sowie einer munteren, jugendlichen Szene.

Bild: Herzog-Friedrich-Straße und Goldenes Dachl in Innsbruck

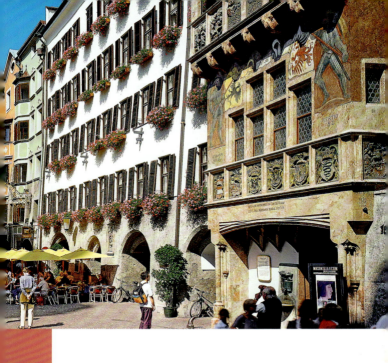

INNSBRUCK & UMGEBUNG

INNSBRUCK

 KARTE IN DER HINTEREN UMSCHLAGKLAPPE

[117 E5] **Die Landeshauptstadt, umrahmt von einer beeindruckenden Bergkulisse, bildet den Mittelpunkt Tirols.** Sie teilt das Land in Ober- und Unterinntal, durch sie muss man meist hindurch, wenn man Tirol durchqueren will. Das machte sie schon im Mittelalter zu einem bedeutenden Marktplatz.

Viele Spuren von damals sind in den Gassen der Innsbrucker Altstadt zu entdecken. In jüngerer Zeit machten die Olympischen Winterspiele von 1964 und 1976 die Stadt bekannt. Die Sportstätten nutzt man heute noch, die eindrucksvollste ist die Sprungschanze am Berg Isel: Sie strahlt nachts in verschiedenen Farben.

Heute ist Innsbruck vor allem Studentenstadt. Auf 118 000 Einwohner kommen 24 000 Studenten aus aller

INNSBRUCK

Welt. Sie machen die Stadt zu einer multikulturellen Metropole und bevölkern die zahlreichen Cafés in den malerischen Laubengängen der Altstadt und die Bars bis in die Nacht.

BERGISEL-STADION ★ ☆ [117 E5]
Die Schanze steht auf historischem Boden: 1809 stellte sich der Tiroler Freiheitskämpfer Andreas Hofer hier mit seinen Schützen gegen die Trup-

Auch heute noch ist Glockengießen Schwerarbeit für die Handwerker

SEHENSWERTES

ANNASÄULE [U C4]
Die spitze, 13 m hohe Säule mitten in der Fußgängerzone wird von einer Marienstatue gekrönt. Auf dem Sockel der Säule stehen vier für Tirol bedeutende Heiligenfiguren: Anna, Georg, Kassian und Vigilius. 1703 fielen die Bayern im Zuge des spanischen Erbfolgekriegs in Tirol ein, die Tiroler verteidigten sich. Zum Gedenken an die Freiheit stellte die Stadt drei Jahre später die Statue auf. In den 1950er-Jahren wurde die Säule zum Schutz durch eine Kopie ersetzt, das Original steht in St. Georgenberg bei Schwaz. *Maria-Theresien-Str.*

pen Napoleons. Heute sehen Sie, mit etwas Glück, den Skispringern beim Training zu. Auf der 2002 von Zaha Hadid neu gestalteten Sprungschanze springt die sportliche Crème de la Crème am 4. Januar während der jährlich stattfindenden Vierschanzentournee. Der Anlauf ist 98 m lang, den Schanzenrekord sprang Adam Malysz 2004 mit 136 m. Zum 50 m hohen Schanzenturm kommen Sie mit dem Schrägaufzug. Der Ausblick vom Panorama-Restaurant *Café im Turm* entschädigt für den leicht überteuerten Eintrittspreis ins Stadion. *Nov.–Mai tgl. 10–17, Juni–Okt. tgl. 9–18 Uhr | 8,30 Euro*

> www.marcopolo.de/tirol

ISBRUCK & UMGEBUNG

Unterhalb des Bergisel-Stadions steht die Statue von Andreas Hofer, daneben wird das neue Bergisel-Museum gebaut, das im Frühjahr 2010 eröffnet werden soll. Es präsentiert dann u.a. die Geschichte der Tiroler Kaiserjäger und das Riesenrundgemälde. Der Künstler Zeno Diemer stellte in dem Gemälde auf 1000 m² die Schlacht vom Bergisel dar, in der Hofer 1809 die bayrischen und französischen Truppen besiegt. *Bergisel*

DOM ZU ST. JAKOB [U C3]
Die zwei Türme des 1724 fertiggestellten, üppigen barocken Baus überragen die Altstadt. Der Dom wurde dem heiligen Jakob geweiht, weil er auf dem Weg nach Santiago de Compostela in Spanien, dem Jakobsweg, liegt. Bekannt ist der Dom für das Gnadenbild Mariahilf von Lukas Cranach d. Ä. und das bronzene Grabmal des Tiroler Landesfürsten Maximilian III. Jeden Tag um 12.12 Uhr läuten die 48 Glocken des Innsbrucker Friedensglockenspiels. *Domplatz*

GLOCKENMUSUEM [U C5]
In aller Welt erklingen die Glocken der Firma Grassmayr aus Innsbruck. Im Museum beim Geschäft sehen Sie in einer alten Gießerei, wie mühsam es mit den einfachen Werkzeugen früher war, die Glocken zu gießen. Durch eine Glasscheibe schauen Sie der heutigen Produktion zu. Im Klangraum werden Töne sichtbar. *Mo–Sa 9–17 Uhr | Leopoldstr. 53 | 5 Euro | www.grassmayr.at*

GOLDENES DACHL ★ [U C3]
Der Prunkerker mit den 2657 vergoldeten Schindeln ist das Wahrzeichen von Innsbruck und die wichtigste Sehenswürdigkeit der Stadt. Kaiser Maximilian I. hatte sich die kaiserliche Loge um 1500 bauen lassen, um bei Turnieren und Spielfesten auf dem Stadtplatz in der ersten Reihe zu sitzen. Sich selbst ließ er in der Mitte der Balustrade verewigen: links mit seinen zwei Frauen, Bianca Maria Sforza (mit Apfel) und Maria von Burgund, rechts zwischen Staats-

MARCO POLO HIGHLIGHTS

★ Hofkirche
Riesige schwarze Bronzefiguren bewachen das Kaisergrab (Seite 34)

★ Goldenes Dachl
Das Wahrzeichen Innsbrucks glänzt mit 2657 vergoldeten Schindeln (Seite 33)

★ Altstadt
Mittelaltercharme in Hall (Seite 44)

★ Bergisel-Stadion
Imposantes Überbleibsel der Olympischen Winterspiele (Seite 32)

★ Nordkette
Phantastischer Panoramablick von ganz oben über die Stadt und ihre Sehenswürdigkeiten (Seite 35)

★ Kristallwelten
Swarovskis Wunderwelt, gestaltet von einem der berühmtesten Künstler Österreichs (Seite 45)

★ Schloss Ambras
Renaissanceschloss mit einmaliger Waffen- und Kuriositätensammlung (Seite 35)

INNSBRUCK

kanzler und Hofnarr. Im Gebäude, 1420 als Residenz der Tiroler Landesfürsten gebaut, befinden sich heute das Standesamt und das *Museum Goldenes Dachl (Mai–Sept. tgl., sonst Di–So 10–17 Uhr, 4 Euro)*. Auf dem Platz vor dem Erker stand früher auch der Scheiterhaufen. *Herzog-Friedrich-Str. 15*

Sachertorte nach originalem Geheimrezept genießen. *Tgl. 9–17 Uhr | Rennweg 1 | 5,50 Euro | www.hofburg-innsbruck.at*

HOFKIRCHE ★ [U C3]

28 überlebensgroße, schwarze Bronzefiguren, die „Schwarzen Mander", bewachen das leere, mit 24 kunstvol-

Schloss Ambras: imposante Kulisse für leichte Sommerkonzerte

HOFBURG [U C3]

Kaiserin Maria Theresia (1717–80) gab den Auftrag, den um 1500 fertiggestellten Sitz der Tiroler Landesfürsten im Stil des Wiener Rokoko umzubauen. Heute kann man noch die Prunkräume, etwa den Riesensaal mit Porträts der Kaiserin, besichtigen. Im Durchgang zur Hofgasse befindet sich ein Ableger des berühmten *Café Sacher* in Wien, wo Sie die

len Marmorreliefs verzierte Grabmal, das Kaiser Maximilian I. 1502 für sich selbst in Auftrag gab. Es ist das größte Kaisergrab des Abendlands. 1518 stand Maximilian dann todkrank vor den Toren der Stadt. Doch beim Geld kannten die Innsbrucker schon früher keine Freunde: Der Kaiser hatte noch Schulden bei den Wirten, deswegen verwehrten sie ihm die Rückkehr. Gekränkt reiste Maximi-

> www.marcopolo.de/tirol

INSBRUCK & UMGEBUNG

lian wieder ab, bestimmte auf seinem Totenbett eine andere Ruhestätte für sich und starb kurz darauf. Etwa 50 Jahre später wurde die Hofkirche fertig gebaut. Statt der Gebeine des Kaisers ruht dort heute der Tiroler Freiheitskämpfer Andreas Hofer. *Mo–Sa 9–17, So 12.30–17 Uhr | Universitätsstr. 2 | Kombiticket Ferdinandeum, Zeughaus, Hofkirche, Volkskunstmuseum 8 Euro | www.tiroler-landesmuseen.at*

SCHLOSS AMBRAS ⭐ [117 E6]

Erzherzog Ferdinand II. fesselte seine Gäste zur Begrüßung erst einmal auf einen Stuhl und leerte ihnen einen Krug Wein in den Rachen. Dieses Ritual bleibt Ihnen heute erspart. Den Schnappstuhl aber sehen Sie immer noch im Unterschloss, mit einer beeindruckenden Rüstungs- und Waffenausstellung und allerhand Kuriosem, das sich Ferdinand in aller Welt zusammensammeln ließ.

Der Erzherzog baute die aus dem 11. Jh. stammende Burg im 16. Jh. aus. Im Hochschloss sind die Porträts der Habsburger, die zwischen 1400 und 1800 lebten, zu sehen – gemalt von Künstlern wie Cranach, Tizian, Velázquez oder van Dyck. Der 43 m lange *Spanische Saal* wird im Sommer heute noch für Konzerte genutzt. *Tgl. 10–17, Aug. bis 19 Uhr, Habsburger Porträtgalerie und Gotiksammlung nur April–Okt. | Schlossstr. 20 | 8 Euro | www.khm.at/ambras*

SEEGRUBE ❄ [117 E5]

In 7 Minuten gelangen Sie von der Innenstadt auf die *Hungerburg* – einem Stadtteil von Innsbruck und die erste Station auf der ⭐ *Nordkette*. Dort bekommen Sie einen Vorgeschmack auf die Aussicht, die Sie weiter oben erwartet. Die 2007 eröffneten Stationen der Hungerburgbahn, die wie grüne Ufos aussehen, entwarf die britisch-irakische Architektin Zaha Hadid.

Weiter geht es mit der Seilbahn zur *Seegrube* und zum *Hafelekar (2256 m)*. Der Panoramablick ist atemberaubend. Freitagabends speisen Sie auf 1900 m mit Blick auf die Lichter der Stadt im Panorama-Restaurant *Leingartner Restaurant Seegrube (Tel. 0512/30 30 65 | www.seegrube.at | €€€). Talstation am Rennweg, neben dem Congress Innsbruck | Innsbruck–Hungerburg 6,50 Euro, Innsbruck–Hafelekar hin und zurück 25 Euro*

>LOW BUDGET

> *Nepomuk's Bed & Breakfast*: Billiger kann man in Innsbrucks Altstadt nicht wohnen. Die Räume zweier Wohnungen dienen als Mehrbettzimmer, gefrühstückt wird im legendären *Café Munding. Kiebachgasse 16 | Tel. 0512/58 41 18 | www.nepomuks.at*

> Im *Hofgartencafé* gibt es jeden Dienstag bis 23 Uhr die 6er-Garantie: 6 Bier, weiße Spritzer oder Kurze für 10 Euro, dazu cooler Sound.

> Im *Jugend- und Familiengasthaus Steinach (JUFA)* kostet die Nacht im Mehrbettzimmer unter 30 Euro pro Person. Lage und Ausstattung sind ideal für Sporttreibende und Familien. *Steinach | 69 Zi. | Alfons-Graber-Weg 1 | Tel. 05/708 35 10 | www.jfgh.at/steinachberg.php*

INNSBRUCK

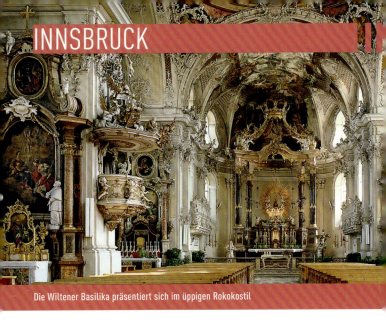

Die Wiltener Basilika präsentiert sich im üppigen Rokokostil

STADTTURM [U C3]

Vom 51 m hohen ehemaligen Rathausturm bietet sich Ihnen nach 148 Stufen ein atemberaubender 360-Grad-Blick auf die umliegende Berglandschaft – und in manche Dachwohnung in der Altstadt. *Okt.–Mai tgl. 10–17, Juni–Sept. tgl. 10–20 Uhr | Herzog-Friedrich-Str. 21 | 3 Euro*

STIFT WILTEN [U C–D6]

Im Süden von Innsbruck stehen zwei prächtige Sakralbauten: Der rote ist das Prämonstratenser-Chorherrenstift auf dem Gelände der alten Römersiedlung Veldidena. Zu verdanken ist das Stift der Legende nach einem Riesen. Der Riese Haymon soll den Riesen Tyrseus im Jahr 878 erschlagen und aus Reue das Kloster errichtet haben. Die gigantischen Statuen von Haymon und Tyrseus bewachen heute noch den Eingang zur Stiftskirche. Im 17. Jh. wurde der ursprünglich romanische Bau barockisiert. *Klostergasse 7 | Führungen auf Anfrage | Tel. 0512/58 30 48 | www.stift-wilten.at*

Der zweite Prunkbau ist die *Wiltener Basilika* mit der Muttergottes-Statue am Hochaltar, „Maria unter den vier Säulen". Der im Rokokostil errichtete Bau ist genau 100 Jahre jünger als die Stiftskirche.

TIROLER LANDESMUSEUM
FERDINANDEUM [U C3]

Das 2003 umgebaute und modern gestaltete Landesmuseum führt von der Frühzeit Tirols im Keller bis zur modernen Kunst im dritten Stock – von römischen Funden über Reliefs des Goldenen Dachl bis zu Musikinstrumenten des berühmten Absamer Instrumentenbauers Jakob Stainer. Dazwischen befinden sich Exponate aus allen Epochen, neben Arbeiten bedeutender Tiroler Künstler wie Albin Egger-Lienz sind hier auch Werke von Klimt, Schiele und Niederlän-

> www.marcopolo.de/tirol

INSBRUCK & UMGEBUNG

dern wie Breughel und Rembrandt ausgestellt. *Di–So 10–18, Do bis 21 Uhr | Museumstr. 15 | Kombiticket Ferdinandeum, Zeughaus, Hofkirche, Volkskunstmuseum 8 Euro | www.tiroler-landesmuseen.at*

TIROLER VOLKSKUNSTMUSEUM [U C3]
Im Gebäude des ehemaligen Franziskanerklosters, das sich an Hofburg und Hofkirche unmittelbar anschließt, befindet sich eine in ganz Europa einzigartige volkskundliche Sammlung. Zu sehen ist Tiroler Volkskunst aus fünf Jahrhunderten, von der Krippenausstellung über Originalstuben aus Einschichthöfen bis zu bäuerlichen Gerätschaften. Fasnachtsfiguren, Trachten sowie Bauernmöbel erschließen sich dem Besucher. Dabei ist die Ausstellung keine fade Vitrinenschau, sondern lebendige und nachvollziehbare Geschichte. Im Mai 2009 in neuem Glanz wiedereröffnet. *Tgl. 9–18 Uhr*

| *Universitätsstr. 2 | Kombiticket Ferdinandeum, Zeughaus, Hofkirche, Volkskunstmuseum 8 Euro | www.tiroler-landesmuseen.at*

TRIUMPHPFORTE [U C4]
1765 heiratete der Sohn von Kaiserin Maria Theresia, der spätere Kaiser Leopold II., in Innsbruck. Während der zwei Wochen dauernden Feierlichkeiten starb überraschend Maria Theresias Ehemann, Franz I. Zur Erinnerung ließ die Kaiserin diese Miniversion des Pariser Triumphbogens an der damaligen Innsbrucker Stadtgrenze erbauen. Die Südseite zeigt die Motive der Hochzeit, die nördliche die Motive des Todes. *Maria-Theresien-Str./Leopoldstr.*

ZEUGHAUS [U D-E3]
Im einstigen Waffenlager von Kaiser Maximilian I. wandern Sie durch die Geschichte Tirols: von prähistorischen Funden über die Salz- und Silbergewinnung sowie die Freiheitskämpfe im 19. Jh. bis hin zum heutigen Tourismus. Im Sommer findet im großen Innenhof ein Open-Air-Kinoprogramm statt. *Di–So 9–18 Uhr | Zeughausgasse | Kombiticket Ferdinandeum, Zeughaus, Hofkirche, Volkskunstmuseum 8 Euro | www.tiroler-landesmuseen.at*

ESSEN & TRINKEN
AUGUSTINER STIFTSKELLER [U C3]
Neues, riesiges Lokal, das bayerisches Bier und Tiroler Küche serviert. Mehrere Räume, ein Kellerstüberl und sehr schöner Gastgarten am Franziskanerplatz. *Tgl. | Stiftgasse 1 | Tel. 0512/57 07 06 | www.stiftskeller.eu | €€*

INNSBRUCK

DENGG [U C3]
Vorn im Café frühstücken Sie auf gemütlichen, schwarzen Ledersofas, im hinteren Teil bietet das Restaurant mit österreichischer, asiatischer oder mediterraner Küche Abwechslung zum Tiroler Mainstream. Dazu österreichischer Wein. *So geschl. | Riesengasse 11–13 | Tel. 0512/58 23 47 | www.dengg.co.at | €€*

HUDELIST [U C3]
Die Speisekarte des Jazz-Restaurants wechselt alle paar Wochen. Saisonale Gerichte, traditionell mit mediterranem Einschlag. Di und Do Livemusik. *So geschl. | Seilergasse 5 | Tel. 0512/56 27 28 | €€*

LICHTBLICK ▶▶ [U C4]
Vom 7. Stock des neuen Rathauses ist der Blick über die Stadt herrlich. Im stylishen Lokal speisen Sie trendig und phantasievoll. Tolle Weinkarte. *So geschl. | Maria-Theresien-Str. 18 | Tel. 0512/56 65 50 | www.restaurant-lichtblick.at | €€ – €€€*

PAVILLON [U C3]
Der gläserne Würfel vor dem Landestheater ist eines der am höchsten ausgezeichneten Restaurants in Tirol. Typisches Fusionrestaurant mit einem Nachteil: Der kleine Raum ist eng und ziemlich verraucht. *Tgl. nur abends | Rennweg 4 | Tel. 0512/90 82 88 | www.der-pavillon.at | €€€*

PFEFFERKORN [U C3]
Insider Tipp
Exklusive, österreichische Küche mit kreativem Kick. Sie sitzen gemütlich in gepolsterten Sesseln und werden sehr aufmerksam bedient. Ruhige Lounge im Erdgeschoss. Donnerstags gibt es Soulfood: gemütlicher Clubsound und extravagante Häppchen. Do und Fr unbedingt reservieren. *Tgl. | Seilergasse 8 | Tel. 0512/56 54 44 | www.pepper.at | €€ – €€€*

TAPABAR [U B3] *Insider Tipp*
Cómo está? Wenn Sie gerne Ihre Spanischkenntnisse aufbessern wollen, sind Sie in der Tapabar genau richtig. Spanier und Südamerikaner servieren schwere Rotweine und pikante Häppchen, die berühmten spanischen Tapas. Jeden Abend gut besucht. *Tgl. | Marktplatz/Innrain 2 | Tel. 0512/58 63 98 43 | €*

■ EINKAUFEN
MARKTHALLE [U B3]
Sie müssen nicht unbedingt etwas kaufen, allein das Bummeln über diesen mitteleuropäischen Lebensmittelbasar ist interessant. Im hinteren Teil der Markthalle findet täglich vormittags ein Bauernmarkt statt. *Marktplatz*

SWAROVSKI [U C3]
Die weltbekannte Glassteinfirma hat auch eine Filiale in der Altstadt. *Herzog-Friedrich-Str. 39*

TIROLER HEIMATWERK [U C4]
Hier bekommen Sie Trachten, Stickereien oder Teppiche – echt und kein Touristenkitsch. *Meraner Str.*

■ ÜBERNACHTEN
BINDERS [U E4]
Lustiges, kleines Hotel, in dem jedes Zimmer eine andere Farbe hat. Peppig und modern, auch wenn das Haus selbst schon ein paar Jahre auf dem Buckel hat. Der Wellnessbereich kostet 9 Euro extra. Leider nicht zen-

> *www.marcopolo.de/tirol*

NSBRUCK & UMGEBUNG

trumsnah. *50 Zi. | Dr.-Glatz-Str. 20 | Tel. 0512/334 36 | www.binders.at | €*

Insider Tipp

CONGRESS ⚜ [U C2]

Neben dem Penz das modernste Hotel Innsbrucks, mit tollem Ausblick, freundlichem Service, gemütlichem Wellnessbereich, geschmackvollen Gemälden und schlichtem Schick. Und das Beste ist: Wenn gerade wenig los ist, ergattern Sie den Luxus zu einem Schnäppchenpreis. *106 Zi. | Rennweg 12a | Tel. 0512/211 50 | www.austria-trend.at/chi | €€€*

GOLDENER ADLER [U C3]

1390 gebaut, auf der Marmortafel neben dem Eingang sind die Dichter und Lenker verzeichnet, die dieses Hotel beehrten. Die Zimmer im Tiroler Stil sind nach ihnen benannt. Im Eckzimmer im 2. Stock residierte einst Andreas Hofer, gegenüber war Goethe zu Gast. *37 Zi. | Herzog-Friedrich-Str. 6 | Tel. 0512/57 11 11 | www.bestwestern.at/goldeneradler | €€€*

THE PENZ ⚜ ▶▶ [U C4]

Neu, modern und superstylish-karg. Die Terrasse, auf der Sie im Sommer frühstücken und gleichzeitig den Ausblick genießen, ist die Krönung. *92 Zi. | Adolf-Pichler-Platz 3 | Tel. 0512/575 65 70 | www.the-penz.com | €€€*

SCHWARZER BÄR [U B3]

Insider Tipp

Kleines, familiäres und neu renoviertes Hotel mit schönen, geräumigen Zimmern, teils mit Blick über den Inn. Gegenüber der Altstadt. *10 Zi. | Mariahilfstr. 16 | Tel. 0512/29 49 00 | www.cityhotel.cc | €*

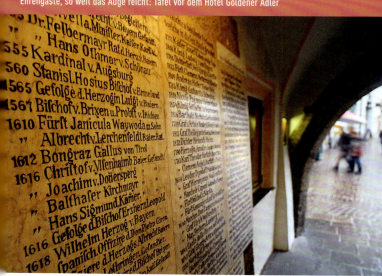

Ehrengäste, so weit das Auge reicht: Tafel vor dem Hotel Goldener Adler

FULPMES & DAS STUBAITAL

AM ABEND

360 GRAD [U C4]
Heißt so wegen des absolut genialen Rundumblicks über die Stadt. Im 7. Stock des neuen Rathauses genießen Sie gehobene Weine in eleganter Umgebung. *So geschl. | Maria-Theresien-Str. 18 | Tel. 0664/840 65 70 | www.360-grad.at*

BLUE CHIP [U C4]
Die beste Disko der Stadt. Abtanzen zu Partysound, am Wochenende eher Hip-Hop-lastig. Ab Mitternacht füllt sich die Disko. *Mi–Sa | Wilhelm-Greil-Str. 17 | www.chip-ibk.com*

Insider Tipp HOFGARTENCAFÉ ▸▸ [U C3]
Abends verwandelt sich das gemütliche Café in historischer Umgebung zur Kennenlernzone Nummer eins. *Rennweg 6a | www.hofgarten.net*

LANDESTHEATER [U C3]
Zeitgenössische und klassische Stücke, Oper, Operette, Musical oder Tanz von September bis Juni. Auch ein spezielles Kinderangebot steht auf dem Programm. *Rennweg 2 | Tel. 0512/520 74 | www.landestheater.at*

TREIBHAUS ▸▸ [U C3]
Das gemütliche Café ist seit Jahrzehnten ein Dauerbrenner im studentischen Innsbruck. In den Sälen sowie im Turm gibt es laufend Veranstaltungen, etwa Salsa-Tanz und Kleinkunst. *Angerzellgasse 8 | Tel. 0512/57 20 00 | www.treibhaus.at*

AUSKUNFT

INNSBRUCK TOURISMUS [U C3]
Burggraben 3 | Tel. 0512/598 50 | www.innsbruck.info

ZIELE IN DER UMGEBUNG

IGLS [117 E6]
Der ruhige Ort (6 km von Innsbruck, 2000 Ew.) liegt am Fuß des Patscherkofels auf einem Sonnenplateau. Er gilt als Nobelviertel Innsbrucks, ist ein beliebtes Tourismusgebiet, Ausgangspunkt für Wanderungen und Golfertreffpunkt. Auf der Bobbahn der Olympischen Spiele hielt Stefan Raab schon seine Wok-WM ab. Igls ist die Endstation der Innsbrucker Straßenbahnlinie 6.

1 km von Igls entfernt liegt der Ort *Lans* mit dem wahrscheinlich besten Tiroler Wirtshaus, dem *Wilden Mann* *(So, Mo-Mittag geschl. Römerstr. 12 | Tel. 0512/37 96 96 | www.wilder mann-lans.at | €€).*

NATTERER SEE [117 E6]
Das Moorwasser des malerischen kleinen Badesees (850 m, 9 km von Innsbruck) hat eine sehr gute Qualität. Nur mit dem Auto erreichbar (am Ortsanfang von Natters ausgeschildert), mit kleinem Campingplatz.

FULPMES UND DAS STUBAITAL

[125 E1–2] **Das 30 km lange, enge Tal von Schönberg bis Neustift mitten in den Stubaier Alpen ist durch eine Straßenbahn mit Innsbruck verbunden.** Die Bahn hat zwar durch die neue Ausstattung an Nostalgie verloren, schraubt sich aber wie vor 100 Jahren von Wilten über Natters bis nach Fulpmes (4000 Ew.). Neustift ist dank des Stubaier Gletschers der größere Touris-

> www.marcopolo.de/tirol

ISBRUCK & UMGEBUNG

Ein ehemaliges Bauerndorf, das sich und dem Tiroler Stil treu geblieben ist: Neustift

musort, aber der Hauptort war immer Fulpmes am Fuß der mächtigen Serles. Es hat seinen dörflichen Charakter bewahrt. Im Sommer versinkt das Stubaital in einen gemütlichen Schlaf, im Winter ist in den Skigebieten viel los.

SEHENSWERTES

KRIPPENMUSEUM

In ganz Österreich gibt es keine größere Sammlung von Krippen. *Di–So 10–19 Uhr | Bahnstr. 11 | 4,80 Euro | www.krippenmuseum.at*

NEUSTIFT

Durch den Tourismus erfuhr das ehemalige Bauerndorf (4500 Ew.) einen unglaublichen Aufschwung: Hotel reiht sich an Hotel – aber man blieb dem Tiroler Stil treu. Die *Pfarrkirche St. Georg* (1780) mit ihrem 52 m hohen Turm ist weithin sichtbares Wahrzeichen. Die Rokoko-Kirche ist innen mit prächtigen Fresken verziert. Eines der größten und besten Hotels ist das *Sporthotel Neustift (67 Zi. | Moos 7 | Tel. 05226/25 10 | www.sporthotelneustift.at | €€€)* mit Wellnessbereich und Bioküche.

PUPPENMUSEUM

Viele Porzellan-, Stoff oder Plastikpuppen mit kunstvollen Kleidern, liebevoll restauriert. *Di–So 10–19 Uhr | Dr. Schwambergerstr. 3 | 3,60 Euro*

SCHMIEDEMUSEUM

Bis ins 16. Jh. wurde in der Schlick, heute ein Skigebiet, Eisenerz abgebaut. Originalwerkzeuge, die man noch im 19. Jh. benutzte, sind zu sehen. *Im Sommer Mi 14–17 Uhr, im Winter nur auf Anfrage | Fachschulgasse 4 | Tel. 05225/69 60 24 | 2 Euro*

ESSEN & TRINKEN

GASTHOF JENEWEIN

Insider Tipp

Im ganzen Stubaital finden Sie kaum ein besseres Restaurant. Tiroler Gast-

FULPMES & DAS STUBAITAL

hof, mit sehr viel Stil ohne Kitsch eingerichtet. Die Chefin kocht, serviert wird verfeinerte traditionelle Küche. *Di geschl.* | *Herrengasse 17* | *Tel. 05225/622 91* | *www.gasthofjenewein.at* | €

■ ÜBERNACHTEN

HOTEL OBERHOFER ☆
Insider Tipp

Von hier aus kann man das ganze Tal überblicken. Haus aus den 1960er-Jahren. So, wie es damals schon seiner Zeit weit voraus war, so modern ist es heute noch. Das Hotel ist ganz auf Relaxen ausgelegt, Kinder sind nicht erwünscht. Ausgezeichnete Tiroler Küche. *25 Zi.* | *Kapfers 23* | *Telfes* | *Tel. 05225/626 72* | *www.aparthotel-oberhofer.com* | €

■ FREIZEIT & SPORT

ADVENTURE PARK
Riesiger Hochseilgarten mit Netzen, Seil- und Holzbrücken in schwindelerregender Höhe. *Vor der Ortseinfahrt Fulpmes* | *Tel. 0664/864 49 44* | *www.outdoorprofi.at*

MOUNTAINBIKEN
Insgesamt 240 km ausgeschilderte Routen, von der kleinen Talrunde fast ohne Steigung bis zu einer Fahrt auf die Pfurtschellhöfe über 2700 Höhenmeter. *Infos unter www.stubaiken.at oder in allen Tourismusbüros*

WANDERN
Der *Stubaier Höhenweg* führt entlang einer einmaligen Bergkulisse in mehreren Etappen von Hütte zu Hütte. *Infos und Karten in den Tourismusbüros*

■ AUSKUNFT

TOURISMUSVERBAND STUBAI
Bahnstr. 17 | *Fulpmes* | *Tel. 0501/88 12 00* | *www.stubai.at*

■ ZIELE IN DER UMGEBUNG

MATREI AM BRENNER [125 F2]
Die Häuser auf der Brennerstraße im Hauptort des Wipptals (16 km von Fulpmes, 1000 Ew.) sind mit opulenten Fassadenmalereien versehen. Leider verstopfen „Mautflüchtlinge"

> BLOGS & PODCASTS
Abwechslungsreiche Webinfos zu Tirol

> *http://blog.austria.info/tags/Tirol* – Alle kulinarischen Neuigkeiten aus dem ganzen Land sind hier auf einen Blick zusammengefasst und übersichtlich dargestellt.

> *www.virtuell-360grad.at* – Infos über aktuelle Aktivitäten rund um die Touristenorte.

> *www.sperrstunde.at* – Wer rund um Innsbruck beim Ausgehen fotogra-

fiert wurde, findet sein Bild meist auf dieser Seite wieder.

> *http://tirol.orf.at/magazin/tirol/touren* – Auf dieser Seite des öffentlich-rechtlichen Fernsehens werden laufend neue Rad-, Wander- und Skitouren beschrieben.

> *www.oetztalblog.com* – News zu Leben und Arbeit, Sport und Kultur rund ums Ötztal.

Für den Inhalt der Blogs & Podcasts übernimmt die MARCO POLO Redaktion keine Verantwortung.

NSBRUCK & UMGEBUNG

auf dem Weg in den Süden noch immer die Hauptstraße. Bei Matrei zweigt die Straße ab in den höchstgelegenen Wallfahrtsort Tirols, *Maria Waldrast*. Vor dem *Klostergasthof (tgl. | Tel. 05273/62 19 | www.tiscover.at/maria-waldrast | €)* liegt eine weite Terrasse, auf der Sie bei Kaffee und selbst gebackenem Kuchen die Sonne genießen können.

OBERNBERG [125 E3]

Die kleine Ortschaft im gleichnamigen Seitental des Wipptals (31 km von Fulpmes, 400 Ew.) hat die letzten Jahrhunderte verschlafen, so ruhig scheint es. Ganz hinten im Tal, am Fuß der mächtigen Tribulaungruppe, liegt der *Obernberger See*, ein beliebtes Wander- und Ausflugsziel. Einkehren können Sie im *Alpengasthof Obernbergersee (Juni–Okt. tgl. | Tel. 05274/876 28 | www.obernbergersee.at | €)*. In einer alten Mühle führt der Müller vor, wie man früher Korn zu Mehl verarbeitete *(Vorführung Do 17–18 Uhr od. nach Voranmeldung Tel. 05274/875 34)*.

HALL

[117 F5] **Die ehemalige heimliche Hauptstadt des Landes ist heute wohl eine der schönsten mittelalterlichen Städte Österreichs.** Wie alle Städte, die den alten keltischen Namen für Salz – Hal – in sich tragen, ist auch Hall (11 500 Ew.) ein Ort, der bekannt war für seine reichen Salzvorkommen. Seit dem 13. Jh. wurde im Halltal das weiße Gold abgebaut, die Stadt entwickelte sich zu einem wichtigen Handelszentrum, lange bevor Innsbruck an Bedeutung gewann. Die Habsburger ließen hier ab 1477 ihren berühmten Haller Taler prägen, der bis zu Beginn des 19. Jhs. in ganz Europa in Gebrauch war.

Der Frühling kommt nach Obernberg

HALL

■ SEHENSWERTES
ALTSTADT ★
Kleine Einzelhandels- und Handwerksläden in engen, mit Kopfstein gepflasterten Straßen charakterisieren die mittelalterliche Stadt. *Stadtführungen (ca. 1 Std.) Sommer tgl. außer Di/Mi 10 Uhr, Winter Mo–Sa 10 Uhr | 6 Euro.*

In Hall wurden Teile der Fernsehserie „Der Bergdoktor" gedreht. Jeden Dienstag findet eine Führung zu den Drehorten statt. *Ab 10 Uhr | Treffpunkt vor der Tourismusinformation Wallpachgasse 5 | 6 Euro*

BERGBAUMUSEUM
Ein nachgebauter Stollen des 1967 stillgelegten Salzbergwerks lässt erahnen, wie die Kumpel seit dem 13. Jh. im dunklen Erdinneren schufteten. *Führungen Sommer tgl. 11.30, Winter Mo–Sa 11.30 Uhr | Fürstengasse | Tel. 05223/45 54 40 | 3 Euro*

MÜNZE HALL & MÜNZERTURM
Die europäische Münzgeschichte wird hier chronologisch rückwärts erzählt – von der modernen 25-Euro-Sondermünze bis zum ersten Haller Guldiner. Vom ☼ *Münzerturm* genießen Sie einen herrlichen Blick über die Haller Altstadt. *April–Okt. Di–So 10–17, Nov.–März Di–Sa 10–17 Uhr | Burg Hasegg 6 | Münze 6 Euro, Turm 4 Euro, Kombi 8 Euro | Führungen mit Audioguide | www.stadtwerke-hall.at/burg-hasegg*

PFARRKIRCHE ST. NIKOLAUS
Hoch droben auf den Zinnen wacht der hl. Nikolaus, dem die spätgotische Hallenkirche (15. Jh.) geweiht ist. Das Innere der Kirche wurde im üppigen Barock gebaut. Die zweigeschossige *Magdalenenkapelle* hinter der Kirche stammt aus dem Jahr 1280. *Oberer Stadtplatz*

■ ESSEN & TRINKEN
AUGUSTINER-BRÄUKELLER
Im denkmalgeschützten Keller stehen neben Tiroler Schmankerln auch bayerische Spezialitäten auf der Speisekarte. *Tgl. | Unterer Stadtplatz 5 | Tel. 05223/54 62 10 | €€*

BAR CENTRALE ▶▶
Gute Weine und italienisches Essen genießen Sie in diesem gemütlichen Lokal, mitten in der Altstadt. Abends unbedingt reservieren. *So geschl. | Schlossergasse 1 | Tel. 05223/560 55 | €€*

■ EINKAUFEN
TUXERBAUER TULFES
Mit dem Auto nur 10 Minuten von Hall entfernt, mitten in Tulfes, steht dieser Bauernhof, auf dem Sie preisgekrönte, selbst gebrannte Schnäpse, Hauswürste, Käse sowie Bauernbrot probieren und kaufen können. Einfach an der Tür läuten. *Schmalzgasse 5 | Tel. 05223/783 07 | www.tulfes.at/tuxerbauer*

■ ÜBERNACHTEN
GOLDENER ENGL
Das Hotel war einst Teil der alten Stadtmauer und steht heute unter Denkmalschutz. Große Betten, sehr geräumige Zimmer, angenehmer Komfort. Wer Dachschrägen mag, sollte unbedingt nach Zimmer 501 fragen! *18 Zi. | Unterer Stadtplatz 5 | Tel. 05223/546 21 | www.goldener-engl.at | €€€*

> *www.marcopolo.de/tirol*

INSBRUCK & UMGEBUNG

RUMER HOF
Mussolini hat vor mehr als 100 Jahren als Maurer an diesem Hotel mitgearbeitet. Das Hotel auf halbem Weg zwischen Innsbruck und Hall wurde 2006 umgebaut und mit modernem Komfort ausgestattet. *70 Zi. | Bundesstr. 11 | Rum | Tel. 051226/ 22 15 | www.rumerhof.at | €€*

■ AUSKUNFT

TOURISMUSVERBAND REGION HALL-WATTENS
Wallpachgasse 5 | Hall | Tel. 05223/ 45 54 40 | www.regionhall.at

■ ZIELE IN DER UMGEBUNG

HINTERHORNALM [117 F5]
Am Ortsanfang von Gnadenwald (9 km von Hall) zweigt links eine Mautstraße *(4,50 Euro)* ab. Zahlreiche Serpentinen führen auf die 1520 m hoch gelegene, urige Alm. Die Kinder streicheln Lamas, Esel und Ziegen und schauen den Paraglidern zu, während Sie bei Deftigem den atemberaubenden Ausblick auf das Inntal genießen. *Mai–Nov. tgl. ab 10 Uhr | Tel. 0664/211 27 45*

KRISTALLWELTEN ★ [118 A5]
Nahe dem Swarovski-Hauptwerk liegt in *Wattens* (10 km von Hall) die zweitgrößte Touristenattraktion Österreichs nach Schloss Schönbrunn in Wien. Durch den Schlund eines Wasser speienden Riesen betreten Sie die von André Heller erdachte, magische Welt, in der neben Klang- und Farbinstallationen Werke von Picasso, Miró, Dalí oder Warhol die Besucher verzaubern. *Tgl. 9–18.30 Uhr | Kristallweltenstr. 1 | 9,50 Euro | http:// kristallwelten.swarovski.com*

Traumkulisse für Zeitreisen ins Mittelalter: die Altstadtgassen von Hall

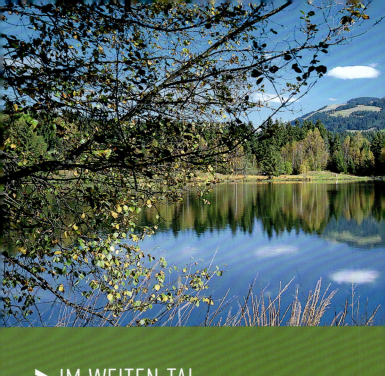

> IM WEITEN TAL

Die einst wichtigste Bergbauregion Europas hat ihren Besuchern auch heute noch viel zu bieten

> Im Tiroler Unterland, von Innsbruck Richtung Osten, öffnet sich das Tal. Die Menschen, so heißt es, haben hier ein sonnigeres Naturell als im Oberland.

Wenn Ihnen schroffe Felsen nicht so liegen, sind Sie hier besser aufgehoben als im engen Oberland. Einige der ältesten und früher bedeutendsten Städte Tirols liegen entlang des unteren Inntals, etwa Schwaz und Kufstein, und wichtige Wintersportzentren wie das Zillertal oder Kitzbühel.

Bild: Schwarzsee mit Kitzbüheler Horn

KITZBÜHEL

[120 B3] Kitzbühel (8600 Ew.) wird jeden Winter zum Treffpunkt der High Society. Vor allem rund um das Hahnenkammrennen kommt alles, was Rang und Namen hat. Im Sommer ist die Atmosphäre im Ort nicht ganz so nobel. Aber wenn Sie in den angenehmen Gassencafés in der Altstadt sitzen, sind Sie umgeben von fein herausgeputzten Herrenhäusern.

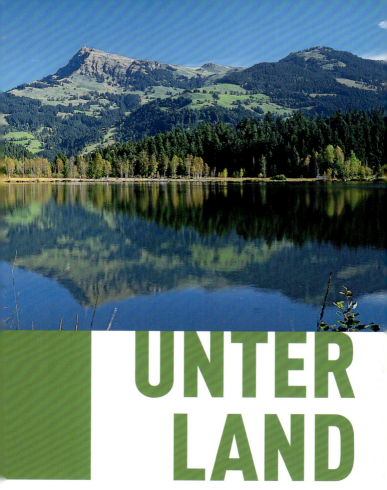

UNTER LAND

■ SEHENSWERTES

ALPENHAUS ❄

Die wunderbare Aussicht auf Kitzbühel können Sie hier nur im Pulk genießen. Auch das Restaurant hat nichts mehr von einem Idyll. Spazieren Sie lieber bis zum ruhigen *Kitzbüheler Horn (30 Min.)*. Außerdem werden Sie kaum irgendwo anders einfacher ein Foto von sich neben einem Gipfelkreuz (2000 m) schießen können. Direkt zum Alpenhaus (*www.alpenhaus.at*) kommen Sie von Kitzbühel über die *Panoramastraße (ausgeschildert | ca. 7,5 km)* oder mit der *Hornbahn (8.30–17 Uhr | Hornweg 23a | Tel. 05356/628 57 | 16,20 Euro | www.kitzbueheler-horn.com/hornbahn.htm.*

KIRCHEN

Das ursprünglichste der Tiroler Gotteshäuser ist die gotische *Katharinenkirche* (1365), versteckt zwischen

KITZBÜHEL

Die Kitzbüheler Altstadt hat sich feingemacht für ihre Gäste

Hotels und Geschäften. Täglich um 11 und 17 Uhr erklingt ihr Glockenspiel. Wichtiger für die Kitzbüheler waren die größeren Kirchen, die Straße hinunter: die *Liebfrauenkirche* (14. Jh.), die durch ihren wuchtigen Wehrturm auffällt, und die spätgotische *Stadtpfarrkirche St. Andreas* (14. Jh.). Am Fuß der Treppen liegt der leicht zu übersehende Eingang der kleinen *Spitalskirche* (1412).

MUSEUM KITZBÜHEL
Anders als andere Heimatmuseen ist dieses ein modern gestaltetes Haus. Besonders sehenswert sind die Werke des lokalen Malers Alfons Walde. *Juli–Sept. Di–So 10–17, sonst 10–13 Uhr | Hinterstadt 32 | 4 Euro | www.museum-kitzbuehel.at*

ESSEN & TRINKEN

HUBERBRÄU
Insider Tipp

Eigentlich ein Einheimischentreff, wohl auch, weil die wohltuende Schlichtheit nicht ganz zum üblichen Kitzbüheler Prunk passt. Günstige, bodenständige und sehr gute Küche. *Tgl. 8–24 Uhr | Vorderstadt 18 | Tel. 05356/656 77 | €*

ZUM REHKITZ
Uriges Bauernhaus (16. Jh.), die Speisekarte ist typisch tirolerisch, Spezialität: Schlutzkrapfen. *Hauptsaison tgl. 10–24 Uhr, sonst Mi geschl. | Am Rehbühel 30 | Tel. 05356/661 20 | www.rehkitz.at | €€*

EINKAUFEN

Die Kitzbüheler Innenstadt hat vor allem Boutiquen für ihr gehobenes Publikum zu ebensolchen Preisen zu bieten. In den Touristengeschäften findet sich oft überteuerte Ware.

ÜBERNACHTEN

HOTEL KITZHOF
Das Haus wurde erneuert und vereint stilvoll Tradition und Moderne. In den

> www.marcopolo.de/tirol

UNTERLAND

164 Zimmern dominieren Holz, Glas, Loden sowie moderne Möbel. Im Wellnessbereich dürfen die Gäste zusätzlich entspannen. *Schwarzseestr. 8–10 | Tel. 05356/63 21 10 | www.hotel-kitzhof.com | €€€*

HOTEL TIEFENBRUNNER
Teilweise mit Himmelbetten ausgestattet. Vom neuen Indoor-Pool haben Sie einen einmaligen Ausblick durch das ❄ Panoramafenster auf die Berge. *76 Zi. | Vorderstadt 3 | Tel. 05356/666 80 | www.hotel-tiefenbrunner.at | €€–€€€*

■ FREIZEIT & SPORT
GOLF
Gleich vier Golfplätze liegen rund um Kitzbühel, etwa der *Golf Club Schwarzsee (Schwarzsee 35 | Tel. 05356/777 70 | www.golf-schwarzsee.at)* oder der *Golfclub Eichenheim (Eichenheim 8 | Tel. 05356/666 15 | www.eichenheim.at).*

SPORTPARK
Eislaufen, Curling, Klettern und Tennis – alles auf 10 000 m² unter einem Dach. *Sportfeld 1 | Tel. 05356/202 22 | www.sportpark.kitz.net*

WANDERN
Mehr als 500 km Wanderwege locken Sie auf die Berge. Besonders beliebt ist die Wanderung auf die *Kelchalm (ca. 4 Std.)* mit einem einmaligen ❄ Ausblick auf die umliegenden Berge. Oder über die berühmteste Ski-Abfahrtsstrecke der Welt, die *Streif*, wo die Schlüsselstellen der Abfahrt mit Toren gekennzeichnet sind.

■ AM ABEND
THE LONDONER ▶▶
Schon seit 30 Jahren ist dieses original englische Pub im Ort ein Garant für viel gute Stimmung und leckeres Bier. *Tgl. | Franz-Reisch-Str. 4 | Tel. 05356/714 28 | www.thelondoner.at*

■ AUSKUNFT
KITZBÜHEL TOURISMUS
Hinterstadt 18 | Tel. 05356/777 | www.kitzbuehel.com

■ ZIELE IN DER UMGEBUNG
BRIXENTAL [111 F5]
Die Orte *Brixen*, *Hopfgarten*, *Kirchberg* und *Westendorf* liegen in der 30 km langen Verbindung zwischen Kitzbühel und Wörgl. Das Brixental ist durch seine Weitläufigkeit und

MARCO POLO HIGHLIGHTS

★ **Silberbergwerk**
Spannung unter Tage (Seite 58)

★ **Festung Kufstein**
Gewaltige Burg mit größter Freiorgel der Welt (Seite 50)

★ **St. Georgenberg**
Ältester Wallfahrtsort Österreichs (Seite 59)

★ **Rattenberg**
Die kleinste Stadt Österreichs und gleichzeitig die bezauberndste Stadt Tirols mit einem mittelalterlichen Kern (Seite 57)

★ **Achensee-Zahnradbahn**
Die dampfbetriebene Zahnradbahn ist die netteste Art, Tirol zu erleben (Seite 56)

KUFSTEIN

Lage entlang der Kitzbühler Alpen eines der schönsten Täler Tirols. Mit seinen Gipfeln, die selten über 2000 m erreichen, ist das Tal perfekt für Berganfänger, die mit der Schroffheit anderer Regionen überfordert sind.

Das beste Restaurant im ganzen Tal ist der *Rosengarten (Sommer Di/Mi geschl., Winter Mi geschl., April Mo/Di/Mi | Reservierung erforderlich | Aschauerstr. 46 | Kirchberg | Tel. 05357/25 27 | www.geniesserrestaurant.at | €€€)*. Haubenkoch Simon Taxacher serviert eine tolle französisch-mediterrane Kost. Der Ort *Hopfgarten an der Hohen Salve* (1829 m) überrascht mit einem schönen historischen Ortskern. Alljährlich findet hier im August ein kleines Kammermusikfest statt *(www.kammermusikfest.net)*.

SCHWARZSEE [120 A3]

3 km von der Gamsstadt entfernt liegt der Schwarzsee, ein warmer Moorsee mitten im Wald. Hier genießen Sie ein herrliches Bad und einen einmaligen ☼ Ausblick auf den Wilden Kaiser.

KUFSTEIN

[119 E2] Mächtig thront die Festung Kufstein über der zweitgrößten Stadt Tirols (18 000 Ew.). Eine Fachhochschule macht Kufstein zur zweiten Tiroler Universitätsstadt. Jugendliches Flair und die für eine Studentenstadt typische Barszene fehlen allerdings (noch). Zwischen den schönen Bürgerhäusern im Stadtzentrum und der Römerhofstraße mit den bunt bemalten Fassaden geht es eher ruhig und gemütlich zu.

■ SEHENSWERTES

FESTUNG KUFSTEIN ★ ☼

Kaiser Maximilian eroberte 1504 die damals 300 Jahre alte Burg und baute sie aus. Mit dem Schrägaufzug oder zu Fuß kommen Sie hinauf zum 26 000 m² großen Areal. Dort beschreibt das *Heimatmuseum* u. a. die Rolle der Festung im Ersten Weltkrieg. Im *Kaiserturm*, dem ehemaligen Gefängnis, sehen Sie die bedrückenden Zellen früherer Zeiten. Besonders schön ist die *Heldenorgel*, mit 4300 Pfeifen und 36 Registern die größte Freiorgel der Welt. Täglich kurz nach 12 Uhr wird sie gespielt, zum Gedenken an die Gefallenen des Ersten Weltkriegs. *März–Okt. tgl. 9–17, Nov.–April 10–16 Uhr | 8,90 Euro | www.festung.kufstein.at*

HECHTSEE

Der Hechtsee, einer der wärmsten Badeseen Tirols, ist eingerahmt von einem herrlichen Bergpanorama und eignet sich zum Wandern und Fischen. Er liegt am Fuß des ☼ *Thierbergs*, auf dem eine Burg aus dem 13. Jh. thront. Im Turm ist ein kleines Museum der Thierberger Schützen untergebracht. Der Ausblick aus 720 m Höhe ist gigantisch. *Tgl. 8–18 Uhr | Eintritt frei | www.thierberg.at*

RÖMERHOFGASSE

Die Gasse mit den kunstvollen Malereien auf den Fassaden ist der schönste Teil der Kufsteiner Altstadt. Quer über die Straße verbindet ein Bogen zwei Häuser miteinander. Er gehört zum *Auracher Löchl:* ein Hotel *(30 Zi. | Tel. 05372/621 38 | €€)* und ein berühmtes Gasthaus *(tgl. 11–23 Uhr | Römerhofgasse 3–5 | Tel.*

> *www.marcopolo.de/tirol*

UNTERLAND

05372/621 38 | *www.auracher-loechl.at* | €€). In dem über 500 Jahre alten Restaurant mit den Holzvertäfelungen erdachte Karl Ganzer 1947 das berühmte Kufsteinlied.

ESSEN & TRINKEN

BATZENHÄUSL
Der Wirt mit seinem Schmäh ist ein Unikat in diesem urigen Lokal. Was sonst kann es in Kufsteins ältestem Weinhaus geben außer typischen Tiroler Speisen? *So/Mo geschl. | Römerhofgasse 1 | Tel. 05372/624 33 | €*

THEATERHÜTTE
Das Gasthaus steht auf einem Plateau, von der Terrasse haben Sie einen einmaligen Blick durch ein kleines Tal auf die Festung. Es wird österreichische Küche serviert, die mit interessanten Kreationen verfeinert wird. *Di geschl. | Obere Sparchen 5 | Tel. 05372/645 19 | €€*

EINKAUFEN

GLASHÜTTE RIEDEL
In der Schauhütte sehen Sie, wie die exklusiven Riedel-Gläser hergestellt werden. *Mo–Fr 9–12 u. 13–16 Uhr | Weissachstr. 28–34 | Tel. 05372/648 96 | www.riedel.com*

ÜBERNACHTEN

ALPENROSE
22 geräumige, geschmackvoll eingerichtete Zimmer. *Weißacher Str. 47 | Tel. 05372/621 22 | www.bestwestern.at/alpenrose | €€*

FREIZEIT & SPORT

INNSCHIFFFAHRT
Vor zehn Jahren wurde die Tradition der Innschifffahrt neu belebt. Die „St.

Wehrhafter Wächter: die Feste Kufstein vor dem Eingang zum Kaisertal

KUFSTEIN

Nikolaus" fährt nun zweimal am Tag von Kufstein aus nach Oberaudorf ins benachbarte Bayern. *10.15 u. 14.30 Uhr | Dauer der Rundfahrt 1 Std. 45 Min. | 13 Euro*

WÖRGLER WASSERWELTEN [119 D–E3]
Das größte Erlebnisbad Tirols (13 km von Kufstein), mit Wellenbecken, Rutschen, Solebad und riesigem Saunabereich. *Tgl. 10–22 Uhr |*

Dei einzig wahre Art, das Kaisertal zu besuchen: zu Fuß und mit dem Rucksack

RAFTING
Flusswander- und Raftingtouren auf der *Kössener Ache* bietet der *Adventure Club Kaiserwinkl* (*Hüttfeldstr. 65a | Kössen | Tel. 05375/ 26 07 | www.ack-koessen.at*).

WANDERN
Insider Tipp: Ein schönes Wandergebiet ist das *Kaisertal bei Ebbs*, die letzte autofreie Region Tirols. Sie kommen über 285 Stufen in das Tal. Die etwas andere Art zu wandern ist das *Lama-Trekking* in Erl, bei dem die exotischen Tiere Ihr Gepäck tragen. *Erlerberg 9a | Tel. 05373/85 54*

Innsbrucker Str. 112 | Wörgl | Tel. 05332/77 73 30 | Tageskarte 17,50 Euro | www.woerglerwasserwelt.at

■ AUSKUNFT
FERIENLAND KUFSTEIN
Unterer Stadtplatz 8 | Tel. 05372/ 622 07 | www.ferienland-kufstein.com

■ ZIELE IN DER UMGEBUNG
EBBS [119 F1]
Seit 1947 besteht der *Fohlenhof Ebbs* (8 km), mit 120 Tieren die wichtigste Haflinger-Zucht der Welt. Sie können reiten lernen oder in der Kutsche fahren. Im Sommer findet jeden Frei-

> *www.marcopolo.de/tirol*

UNTERLAND

tagabend eine Gestütsparade statt. Im Museum stehen alte Kutschen und Wagen. *Di–So 9–17 Uhr | Schlossallee 31 | 6 Euro | www.haflinger-tirol.com*

Nicht weit vom Gestüt liegt der *Raritätenzoo Ebbs*. 500 exotische Tiere leben hier auf 20 000 m², Highlight sind die frechen Berberaffen. Der Kinderbauernhof bietet den Kleinen die Möglichkeit, die Tiere zu streicheln. *Ostern–Okt. tgl. 9–18 Uhr | Kurckweg 20 | 5,50 Euro | www.raritaetenzoo.at*

MARIASTEIN [119 D2]

Der 42 m hohe Bergfried (Burgturm) ragt zwischen Wörgl und Kufstein (13 km) steil nach oben. 150 Stufen müssen Sie emporsteigen, um zur *Gnadenkapelle* zu kommen. Dort hängt das berühmte gotische Muttergottesbild, das Wallfahrer aus dem deutschsprachigen Raum anlockt. Im unteren Teil ist das *Schlossmuseum* mit den Tiroler Landesinsignien: Zepter und Erzherzogshut. *Tgl. 9–17 Uhr*

MAYRHOFEN & DAS ZILLERTAL

[118 C4–6] **Das Zillertal ist eines der beliebtesten Tourismusgebiete Tirols: im Winter eines der größten Skisportgebiete, im Sommer perfekt für Familien.** Früher war die dampfgetriebene Zillertalbahn von Jenbach die einzige Möglichkeit, schnell ins Tal zu kommen. Mittlerweile fährt auf den alten Schmalspurgleisen auch eine moderne, dieselgetriebene Version – und die wird trotz der Schnellstraße nach wie vor häufig genutzt.

Die saftigen Wiesen auf den flacheren Hängen im vorderen Tal sind ideal zum Wandern. Mayrhofen (3800 Ew.), malerisch gelegen zwischen den Dreitausendern der Zillertaler und Tuxer Alpen, ist der wichtigste Tourismusort des Tals und der Endpunkt der 32 km langen Zillertalbahn.

■ SEHENSWERTES

ERLEBNISSENNEREI MAYRHOFEN

Hier erfahren Sie, wer die Löcher in den Käse bohrt. Anschließend verkosten Sie den würzigen Zillertaler Bergkäse. *Tgl. 10–11.30 u. 12.30–15 Uhr | Hollenzen 116 | Tel. 05285/ 63 90 60 | 11,20 Euro (inkl. Verkostung) | www.sennerei-zillertal.at*

FÜGEN

Fügen (3600 Ew.), malerischer Ort mit viel Party im Winter, war durch seinen Bergbau einst der wichtigste

> LOW BUDGET

> Das *Tourismusbüro Kitzbühel* veranstaltet kostenlos geführte Wanderungen verschiedener Schwierigkeitsgrade im Kaisergebirge. Infos unter *www.kitzbuehel.com*

> Der Eintritt in die *Wörgler Wasserwelten* kostet von 19 bis 22 Uhr nur 5 Euro für Erlebnisbad und Saunaresidenz, statt 19,10 Euro für die 4-Std.-Karte.

> Mit der Kitzbüheler *Alpen Sommer Card* benutzen Sie 29 Lifte rund um Kitzbühel und sparen mehr als die Hälfte des Normalpreises. *3-Tage-Pass bis 7-Tage-Pass ab 33 Euro.* Erhältlich bei den Bergbahnen

MAYRHOFEN & DAS ZILLERTAL

Ort im Zillertal. Die Stollen auf 1800 m sind im *Goldschaubergwerk Spieljoch zu* besichtigen: Von der Bergstation wandern Sie in etwa einer halben Stunde über den Knappensteig dorthin. Mit einer alten Grubenbahn geht's in den Berg hinein. *So–Fr 9–12 Uhr | 4,90 Euro*

SCHLEGEIS

Der *Stausee Schlegeisspeicher* (1800 m) ist Ausgangspunkt für zahlreiche Wanderungen. Von *Ginzling* führt die 13 km lange, malerische Schlegeisalpenstraße vorbei an Wasserfällen und durch vier Natursteintunnels *(Maut 10 Euro)*. Multimediashow zur Staudammtechnik im Inneren der eindrucksvollen 131 m hohen und 725 m langen Staumauer. Im Juli wird die Mauer zur Bungeejump-Rampe. *www.tauerntouristik.at*

TUXERTAL

Der *Hintertuxer Gletscher ist* das einzige Ganzjahresskigebiet Österreichs. Er liegt am Ende des Tuxertals, der hochalpinen Fortsetzung des Zillertals, das von Mayrhofen 800 m bis Hintertux ansteigt. Die Hauptorte sind *Finkenberg* (1550 Ew.) und *Tux* (2000 Ew.). Im Herbst bietet der *Finkenberger Schaf- und Haflinger Almabtrieb* einen schönen Kontrast zum

Im Tuxertal geht's in die Höhe: von Finkenberg aus geht der Blick nach Mayrhofen

UNTERLAND

Kuh-Almabtrieb im Rest Tirols. Eines der schönsten Wellnesshotels in Tirol ist das *Hotel Alpenhof* in Tux, u.a mit Riesenhallenbad und einer Sauna mit Bergblick. *63 Zi. | Hintertux 750 | Tel. 05287/85 50 | €€€*

ZILLERTALER HÖHENSTRASSE ✳

Der Ausblick von der 48 km langen Strecke von Ried bis Hippach ist atemberaubend, der höchste Punkt liegt auf 2020 m. Die Straße führt vorbei am *Alpengarten bei Kaltenbach*, wo einige der seltensten heimischen Gebirgsblumen wachsen. *Geöffnet Mai–Okt. | Maut 7 Euro | Auffahrten in Ried, Kaltenbach, Aschau, Zellberg und Hippach*

■ ESSEN & TRINKEN
KRISTALLHÜTTE ✳

Trendige, internationale Küche in edlem Ambiente auf 2147 m. Tolles Bergpanorama. In Kaltenbach, im Skigebiet Hochzillertal. *Anfahrt über Zillertaler Höhenstraße oder zu Fuß (ca. 40 Min.) | Tel. 0676/88 63 24 00 | www.kristallhuette.at | €€–€€€*

RESTAURANT ALEXANDER

Auf 1500 m mischt Drei-Hauben-Koch Alexander Fankhauser gekonnt Tradition mit Moderne. Ergebnis sind ausgefallene Gerichte wie schottischer Wildlachs auf Kalbskopfragout, die das Restaurant zu einem der berühmtesten des ganzen Landes machen. *Hochfügen 5 | Tel. 05280/225 | www.lamark.at | €€€*

■ ÜBERNACHTEN
MOUNTAIN & SOUL ▶▶

Das Haus erkennen Sie an den rosa und knallgrünen Balkonen. Die Zimmer sind in warmen Farben gehalten, mit Möbeln aus Ostasien. Wellnessbereich. Ein wohltuender Farbklecks im traditionellen Zillertal. *19 Zi. | Ramsau 425 | Tel. 0676/88 63 24 05 | www.mountainandsoul.at, €*

■ FREIZEIT & SPORT
ERLEBNISTHERME ZILLERTAL

Das Fügener Freizeitbad mit Rutsche ist ein Spaß für die Kids. Gemütlicher Sauna- und Wellnessbereich. *Tgl. 10–21 Uhr | Badweg 1 | Tel. 05288/63 24 00 | 9 Euro/3 Std. | www.erlebnistherme-zillertal.at*

FREIZEITPARK ZELL

Beachvolleyball, Tennis sowie Minigolf, Kegeln oder Erlebnisschwimmbad – und einen Spielplatz für Kinder gibt es hier auch. *Tgl. 10–21 Uhr | Dorfplatz 3a | 4 Euro | Tel. 05282/19 16 30 | www.freizeitparkzell.at*

RADFAHREN

Der *Zillertalradweg* für die ganze Familie führt zwei Stunden ohne große Höhenunterschiede neben der Zillertalbahn von Strass bis Mayrhofen. Infos unter *www.zillertal.at*

RAFTING, KAJAK, CANYONING

Wildwasserabenteuer im Fluss Ziller in Mayrhofen bietet *Mountain Sports Zillertal*. *Hauptstr. 456 | Tel. 0664/312 02 66 | www.mountain-sports-zillertal.com*

■ AM ABEND
BADWANDL ▶▶

Seit Jahren der Dauerbrenner im Zillertal, mit Disko, Lounge, Heavy Metal Bar und Restaurants. *Fügen 306 | www.badwandl.at*

MAYRHOFEN & DAS ZILLERTAL

AUSKUNFT

ZILLERTAL TOURISMUS
Schlitters | Bundesstr. 27d | Tel. 05288/871 87 | www.zillertal.at

ZIELE IN DER UMGEBUNG

ACHENSEE [118 B2-4]

Langsam schnauft die alte, dampfbetriebene ★ *Achensee-Zahnradbahn* von Jenbach (30 km von Mayrhofen) seit 1889 zum größten See Tirols *(Berg- und Talfahrt 22 Euro)*. Am Seespitz können Sie auf eins der vier *Ausflugsschiffe* umsteigen *(Mai–Okt. | Rundfahrt 13 Euro)*. Steigen Sie bei der *Gaisalm* aus, die nur zu Fuß oder mit dem Schiff erreichbar ist, und genießen Sie ohne Zivilisationslärm hier eine Tasse Kaffee.

Das *Posthotel* in Achenkirch wurde zum besten Wellnesshotel Österreichs gewählt. Exquisite Zimmer mit viel Holz, ein Haubenlokal und ein versunkener asiatischer Tempel als Saunabereich. *150 Zi. | Achenkirch 382 | Tel. 05246/65 22 | www.posthotel.at | €€€*

ALPBACH [119 D4]

Der einzige Bau, der in diesem alten Bauerndorf (43 km von Mayrhofen) nicht ins Ortsbild passt, ist der Stolz des ganzen Landes: das Kongresszentrum. Wie in Davos treffen sich in dem Glasbau jährlich Wirtschafts- und Politgrößen *(www.congressalpbach.com)*. Ansonsten ist jedes Haus, auch heute noch, im gleichen Stil gebaut: unten gemauert, der Aufsatz aus Holz. Eines dieser Häuser in Hinteralpbach stammt aus dem Jahr 1630. Der Bauer, der hier aufwuchs, führt durch das *Heimatmuseum. Tgl. 9–16 Uhr | Unterberg 34 | 2 Euro*

> BÜCHER & FILME
Freiheitskämpfer, Bollywood und deutsche Piefkes

> **Andreas Hofer – Die Freiheit des Adlers** – Xaver Schwarzenberger inszenierte 2002 aufwendig die Geschichte des Tiroler Helden und des Freiheitskampfs seiner Schützen gegen die Bayern. Tobias Moretti spielt Hofer.

> **Kreuzigers Tod** – Düsterer Kriminalroman von 2008, in dem Peter Oberdorfer den kantigen Tiroler Charakter dennoch humorvoll porträtiert.

> **Die Piefke-Saga** – Felix Mitterers Meisterstück von 1990 zeigt – oft, aber nicht immer überzeichnet – die zwiespältige Beziehung zwischen dem typisch deutschen Urlauber und dem vom Tourismus abhängigen Tiroler. Auch heute noch protestieren die Tourismuschefs, wenn die vierteilige Fernsehserie ausgestrahlt wird.

> **Susanne Schaber – Tiroler Gratwanderungen** – Die Autorin gibt mir ihren lustigen Geschichten tiefe Einblicke in die Tiroler Seele.

> **Sieben Jahre in Tibet** – Die Geschichte des österreichischen Bergsteigers Heinrich Harrer spielt zwar im Himalaya, viele Szenen mit Hauptdarsteller Brad Pitt wurden aber in Osttirol gedreht.

> **Yuvraaj (Prinz)** – Einer von vielen Bollywood-Filmen, die in Tirol gedreht wurden. In Indien gelten die schneebedeckten Tiroler Berge als besonders exotisch.

UNTERLAND

KRAMSACH [118 C3]

Im sogenannten Seendorf Tirols (4500 Ew., 40 km von Mayrhofen) finden Sie zahlreiche Badeseen. Auf dem Museumsfriedhof stehen alte am Fuß des Stadtbergs, der im Winter die Sonne verdeckt. Deswegen hatten die Bürger geplant, riesige Spiegel an der anderen Talseite zu montieren und so die Häuser mit

Gruß aus Skandinavien: Der eiszeitliche Achensee erinnert an einen norwegischen Fjord

Grabkreuze mit launigen Inschriften wie „Hier schweigt Johanna Vogelsang, sie zwitscherte ein Leben lang". *Hagau 81*

Für das *Freilichtmuseum Tiroler Bauernhöfe* hat man 14 verschiedene Höfe aus dem Land abgetragen und hier wieder aufgebaut. *Tgl. 9–18 Uhr | Angerberg 10 | 5,50 Euro | www.museum-tb.at*

RATTENBERG ★ [118 C3]

Die kleinste Stadt Österreichs und der wahrscheinlich malerischste Ort Tirols (41 km von Mayrhofen) liegt Sonnenstrahlen zu fluten. Doch das Projekt wurde auf Eis gelegt. Rattenbergs mittelalterliche Altstadt ist eine einzige Fußgängerzone. Im alten *Augustinerkloster* sehen Sie sakrale Kunst und die große Klosterkirche *(tgl. 10–17 Uhr | Klostergasse 95 | 3 Euro | www.augustinermuseum.at).* Die Burgruine auf dem Stadtberg war einst die zweitgrößte Burg Tirols. Sie dient heute als Bühne für Theateraufführungen.

Rattenberg ist ein Zentrum der Glasbläserkunst. In vielen kleinen Geschäften können Sie Figuren und

SCHWAZ

Insider Tipp: Vasen kaufen und die Gelegenheit nutzen, den Glasbläsern beim Arbeiten zuzusehen. Im *Restaurant Malerwinkel* sitzen Sie im Bauch des Bergs und genießen Tiroler Kost. *Pfarr-*

In einer Glasbläserwerkstatt in Rattenberg

gasse 92–93 | Tel. 05337/645 13 | www.malerwinkel-rattenberg.com | €€

SCHWAZ

[118 B5] **Die ehemalige Silberstadt Schwaz (13 500 Ew.) war im 15. und 16. Jh. die größte Bergbaustadt Europas.** Wo früher bis zu 3000 t Silber und 57 000 t Kupfer pro Jahr abgebaut wurden, liegt heute ein geschäftiges kleines Städtchen. Der historischen Altstadt und den interessanten Museen sollten Sie unbedingt einen Besuch abstatten.

> www.marcopolo.de/tirol

■ SEHENSWERTES

ALTSTADT

Der imposante Bau am Ende der Fußgängerzone ist die *Pfarrkirche Maria Himmelfahrt*. Die größte gotische Hallenkirche Tirols zeugt vom Reichtum der ehemaligen Bergbaustadt: Das Dach ist mit 15 000 Kupferschindeln gedeckt, die Kirche komplett aus Schwazer Dolomit gebaut. Spazieren Sie rund um das Gotteshaus durch die Ludwig-Penz-Straße zum *Fuggerhaus*. Ulrich Fugger baute es im 16. Jh., um seinen Weltkonzern von Schwaz aus zu leiten. Unterhalb des Fuggerhauses steht das *Franziskanerkloster* von 1507. Die Kirche ist eine der schönsten des Ordens. Die Holztür rechts neben dem Kirchentor führt zum beeindruckenden Kreuzgang des Klosters.

HAUS DER VÖLKER

Insider Tipp: Eine Abwechslung zur Tiroler Tradition bietet das einzige Völkerkundemuseum Westösterreichs. Schwerpunkte sind Afrika und die buddhistische Kunst Asiens. *Tgl. 10–18 Uhr | St. Martin 16 | 6 Euro | www.hausdervoelker.com*

SILBERBERGWERK ★

Auf dieser Zeitreise, 800 m tief, erleben Sie, wie die Schwazer Knappen ab 1491 Silber schürften. Ein Führer begleitet Sie durch einen Teil des mehr als 500 km langen Stollensystems. Mulmig wird es Besuchern, wenn gesprengt wird und ein plötzlicher Wassereinbruch im Stollen die Gefahr unter Tag simuliert. *Tgl. Mai–Sept. 9–17, Okt.–April 10–16 Uhr | Alte Landstr. 3a | 15 Euro | www.silberbergwerk.at*

UNTERLAND

ESSEN & TRINKEN

RESTAURANT SILBERBERG
Pizza, so groß wie ein Autoreifen, und allerhand Tirolerisches (üppige Portionen) gibt's hier. Einrichtung aus den 1980er-Jahren. *April–Okt. Di–So 11–14 u. 17–22 Uhr | Alte Landstr. 1 | Tel. 05242/649 21 | www.silberberg-tennishalle.com | €*

ÜBERNACHTEN

NATURHOTEL GRAFENAST
Auf 1330 m ist alles Bio. Durch das riesige Fenster oder vom Balkon im Panoramazimmer haben Sie einen Blick ins Tal wie auf eine Kinoleinwand. *24 Zi. | Hochpillberg | Pillbergstr. 205 | Tel. 05242/632 09 | www.grafenast.at | €€–€€€*

AM ABEND

EREMITAGE ▶▶
Seit 1974 hat sich die Eremitage zu einem der besten Jazzlokale in Westösterreich gewandelt und genießt Weltruhm in Jazzkreisen. *Di–Sa 11–14 u. 18–1, So ab 18 Uhr | Innsbrucker Str. 14 | Tel. 05242/652 51 | www.eremitage.com*

FREIZEIT & SPORT
Mountainbiker fahren auf das Geiseljoch, zum Loassasattel oder rund um den Schwazer Hausberg, das Kellerjoch. Wanderer genießen den *Alpenpark Karwendel* mit seinen zahlreichen Hütten. *Infos im Verkehrsbüro www.silberregion-karwendel.at*

AUSKUNFT

TOURISMUSVERBAND SILBERREGION KARWENDEL
Franz-Josef-Str. 2 | Tel. 05242/632 40 | www.silberregion-karwendel.at

ZIELE IN DER UMGEBUNG

SCHLOSS TRATZBERG [118 B4]
Ein Hörspiel führt durch das Jagdschloss von Maximilian I. (15. Jh.) *Tgl. Ende März–Anfang Nov. 10–16, Mai–Sept. 10–17 Uhr | 10 Euro.* Im Sommer Abendführungen mit mittelalterlichem Event-Essen. *Reservierung Tel. 05242/635 66 | 31 Euro | www.schloss-tratzberg.at*

WOLFSKLAMM & ST. GEORGENBERG [118 B4]
Über den 100-jährigen *Klammweg (3 Euro | Dauer 1 Std.)* geht es von Stans (3 km von Schwaz) entlang schroffer Felsen vorbei an Wasserfällen durch die Wolfsklamm – ein einmaliges Naturerlebnis. Ziel ist der älteste Wallfahrtsort Österreichs, das über 1000 Jahre alte Benediktinerstift ★ *St. Georgenberg.* Zurück geht es über den Wallfahrtsweg.

Steinböcke, die Kraxelkönige der Alpen, finden sich auch in den Tiroler Bergen

> DIE SONNENMEILE TIROLS

Die Atmosphäre wechselt mit den Jahreszeiten – gemütlich und ruhig im Sommer, Après-Ski-Zirkus im Winter

> **Vom Arlberg bis Innsbruck reicht die obere Hälfte des Inntals, das Oberland. Das Tal ist hier noch eng und schroff, die Berge sind höher als im Unterland.**
Mächtige Skischaukeln mit modernsten Gondeln befördern viele Wintergäste schnell auf den Berg. Dazu gibt es Après-Ski und riesige Bettenburgen. Im Sommer geht es hier gelassener zu: Die Après-Ski-Bars sind dicht, die Täler ruhiger und die Berge laden zu vielfältigen Aktivitäten ein.

Bild: Ötztaler Alpen

IMST

[115 F6] **Die Stadt (9300 Ew.) war immer schon Verkehrsknotenpunkt – günstig gelegen am Eingang des Pitztals und am Übergang zum Außerfern.** Sie hat sich in den letzten Jahren zur Metropole des Oberlands mit Shoppingzentren sowie einem Industrie- und Einkaufsviertel gewandelt. Hermann Gmeiner gründete hier nach dem Zweiten Weltkrieg das erste SOS-Kinderdorf,

OBERLAND

um Kriegswaisen ein Heim zu geben. 18 historische Brunnen stehen in der Stadt und versorgten einst die Bevölkerung mit Wasser.

■ SEHENSWERTES

HAUS DER FASNACHT
Masken und Fasnachtsfiguren, die sonst nur alle vier Jahre beim Schemenlauf zu bewundern sind. *Fr 16–19 Uhr | Streleweg 6 | 4 Euro | www.hausderfasnacht.at*

KNAPPENWELT GURGELTAL
Im nachgebauten Bergarbeiterdorf aus dem 16. Jh. sehen Sie in Tarrenz, wie in der Region früher Blei (zur Gewinnung von Silber in Schwaz) abgebaut wurde. Die Abbautechniken werden im Stollen präsentiert, eine Ausstellung informiert u.a über das Leben der Knappen. *Mai–Juni u. Sept.–Okt. Di–So 10–18, Juli–Aug. tgl. 10–19 Uhr | Tschirgant 1 | 6 Euro | www.knappenwelt.at*

IMST

In der Rosengartenschlucht bei Imst

ROSENGARTENSCHLUCHT
Auf 1,5 km geht es über einen Holzsteig und durch Tunnels entlang am wildromantischen Schinderbach. Beeindruckend sind die Felswände, die bis zu 100 m emporragen und die Schlucht begrenzen. Der Einstieg, bei dem früher ein Rosengarten war, liegt mitten in der Stadt, gleich hinter der Johanneskirche. Der Weg führt Sie weiter zur blauen Grotte, ein niedriger, 35 m hoher Gang, den die Römer mit Hämmern schufen, weil sie dort Silbererz vermuteten.

ESSEN & TRINKEN
HIRSCHEN
Klassisches Tiroler Wirtshaus mit sehr schmackhaftem Menü: Lassen Sie sich Lammrückenfilet oder Tiroler Rostbraten munden. *Tgl.* | *Thomas-Walch-Str. 3* | *Tel. 05412/69 01* | *www.hirschen-imst.com* | *€€*

ÜBERNACHTEN
ROMANTIKHOTEL POST
Stilvoll wohnen Sie im 600 Jahre alten Haus und Adelssitz. Die 29 sehr komfortablen Zimmer sind mit antikem Mobiliar ausgestattet. *Eduard-Wallnöfer-Platz 3* | *Tel. 05412/665 55* | *www.romantikhotel-post.com* | *€€*

FREIZEIT & SPORT
Von Rafting und Canyoning in der Imster Schlucht bis zu gemütlicheren Bike- und Nordic-Walking-Touren veranstaltet *Club Alpin* fast alles. *(Hochimst 19* | *Tel. 05412/617 05* | *www.club-alpin-imst.at).* Mountainbiker erreichen zahlreiche Ziele, etwa die Untermarkter Alm (1491 m) oder die Latschenhütte (1623 m). *Infos im Verkehrsbüro*

OBERLAND

■ AUSKUNFT
TOURISMUSVERBAND IMST-GURGLTAL
Johannesplatz 4 | Tel. 05412/691 00 | www.imst.at

■ ZIEL IN DER UMGEBUNG
PITZTAL [123 F1–2]

Der Tourismus in dem 40 km langen Tal (3 km von Imst) kam lange Zeit nicht in Gang. Vor allem im vorderen Teil des Tals, in den Orten *Arzl* (2900 Ew.) und *Wenns* (2000 Ew.), ist die Ursprünglichkeit bis heute erhalten geblieben. Weiter hinten, in *Jerzens* (1000 Ew.) und *St. Leonhard* (1500 Ew.), haben hingegen Massentourismus und Bettenburgen Einzug gehalten. Sehenswert ist das *Platzhaus* in Wenns. Das ehemalige Richterhaus wurde im 16. Jh. mit biblischen Szenen bemalt. Dort schlafen Sie preisgünstig und träumen in handbemalten Bauernbetten. *5 Zi. | Matthäus-Vischer-Platz 35 | Tel. 05414/872 61 | €*

In St. Leonhard bringen Sie die Pitzexpress-Bahn und die Panoramabahn auf den *Hinteren Brunnenkogel*, den höchsten Punkt, den Sie in Österreich mit einer Seilbahn erreichen können (3340 m).

LANDECK & DAS OBERE GERICHT

[123 D–E 1–3] **Das Inntal von der Schweizer Grenze bis nach Landeck heißt Oberes Gericht, weil die Region bis in die 1970er-Jahre ein eigener Gerichtsbezirk war.** Das Tal liegt eingebettet zwischen den Ötztaler Alpen und der Samnaun-Gruppe. *Landeck* (7700 Ew.), von Westen her kommend die erste große Stadt im Inntal, hat einen schönen Stadtkern mit freskengeschmückten Bürgerhäusern. Hier lässt es sich gut einkaufen. Touristisch bedeutender sind aber *Fiss* und *Serfaus* am Sonnenplateau sowie das *Kaunertal*, das sich entlang der Gipfel des schroffen Kaunergrats entlangzieht.

■ SEHENSWERTES
FLIESS

Der kleine Ort (1073 m, 2900 Ew.) hat einige Schätze zu bieten: Das *Archäologischen Museum*, gegenüber dem modernen *Dokumentationszentrum Via Claudia Augusta (S. 69)*, zeigt Artefakte aus der Bronze- und

MARCO POLO HIGHLIGHTS

★ **Stift Stams**
Mächtiges Zisterzienserstift mit barockem Festsaal und eckigen Türmen im Oberland (Seite 71)

★ **Schloss Landeck**
Im schönsten Heimatmuseum Tirols erfahren Sie, warum zahlreiche Tiroler im 19. Jh. ihre Heimat verlassen mussten (Seite 64)

★ **Ötzi-Dorf**
Besuch beim ältesten Tiroler (Seite 68)

★ **St. Anton**
Auch angehende Könige sind hier schon Ski gefahren (Seite 67)

★ **Silvretta-Hochalpenstraße**
Einmalige Aussicht auf der Verbindung zwischen Tirol und Vorarlberg (Seite 66)

LANDECK & DAS OBERE GERICHT

Eisenzeit. *(Di–So 10–12 u. 15–17 Uhr | Fließ 89 | 5 Euro | www.museum.fliess.at).* Hinter dem kleinen Torbogen steht die gotische *Masskirche*. Über ein paar Stufen im Inneren gelangen Sie in die Krypta, wo die sehr gut erhaltenen Reste einer alten Kapelle aus dem 6. Jh. zu bestaunen sind. Über eine kurvenreiche Straße geht es hinauf zum *Naturparkhaus*, das Ihnen die Tier- und Pflanzenwelt des 550 km² großen Naturparks Kaunergrat näherbringt. Von der ☼ Dachterrasse haben Sie einen einmaligen Ausblick, unweit des Hauses liegt ein historischer Brandopferplatz. *Tgl. 10–18 Uhr | Gachenblick 100 | 3 Euro | www.kaunergrat.at*

SCHLOSS LANDECK ⭐
Das Schloss aus dem 13. Jh. beherbergt eines der besten *Heimatmuseen* des Landes. Neben Ausstellungsstücken, die das Leben in der Region beleuchten, wird hier überraschend kritisch mit der Vergangenheit umgegangen. Beispielsweise werden die Hintergründe beleuchtet, warum im 19. Jh. viele Menschen Tirol verlassen mussten und welch zwielichtige Rolle die Heimatgemeinden der Auswanderer spielten. *Di–So 10–17 Uhr | Schlossweg 2 | 6,50 Euro | www.schlosslandeck.at*

SERFAUS-FISS-LADIS
Die drei wichtigsten Tourismusorte der Region liegen auf dem Sonnenplateau. *Ladis* (600 Ew.) ist das am wenigsten vom Tourismus berührte Dorf. Viele der Häuser sind mit schönen Malereien an den Fassaden verziert. Die *Burg Laudeck* (13. Jh.) thront auf einem Fels über dem Ort. *(Juli–Sept. 9–11.15 Uhr alle 45 Min | 2 Euro).*

Serfaus (1200 Ew.) ist fast autofrei, eine kurze U-Bahn führt durch das Dorf. Adrenalin-Junkies kommen im *Sommerfunpark Fiss* auf ihre Kosten. *Juni–Okt. tgl. 8.30–17 Uhr |*

Wer Schloss Landeck besucht, erfährt viel über das Leben in Tirol

OBERLAND

bei der Talstation der blauen Gondelbahn | www.sommerfunpark.at

ESSEN & TRINKEN

GASTHOF BERGHOF
Mehrfach ausgezeichnete Küche mit Blick auf die Bergkulisse, in der alte Rezepte (z. B. Schledernocken) wieder neu belebt werden. *Di geschl. | Greit 364 | Pfunds | Tel. 05474/52 54 | www.gasthof-berghof.com |* €€

GASTHOF GEMSE
Stark saisonal geprägte Küche im ältesten Gebäude von Zams: im Frühjahr Spargel, im Sommer Pilze und Beeren, im Herbst Wild und im Winter das Tiroler Berglamm – vieles aus eigener Landwirtschaft. *Mi geschl. | Hauptplatz 1 | Tel. 05442/624 78 | www.postgasthof-gemse.at |* €€

NEUER ZOLL
Ziegenprodukte mit höchster Qualität stehen im Vordergrund, etwa Schlutzkrapfen mit Ziegenkäse oder Ziegenbockbraten auf Rotweinsoße. *Mi geschl. | Niedergallmigg 45 | Fließ | Tel. 05449/200 77 |* €–€€

SCHALBER
Küchenchef Gerhard Krießmann wurde eben mit der dritten Haube geehrt. Er verwöhnt Sie zwar mit edlen Kreationen wie Saltimbocca oder Wild aus eigener Jagd, verlangt dafür aber auch stattliche Preise. *Mi geschl. | Dorfstr. 15 | Serfaus | Tel. 05476/67 70 | www.schalber.at |* €€€

ÜBERNACHTEN

HAUS FROMMES
Klein und besonders. Jedes Zimmer gestaltete ein Künstler, viel Holz prägt die Räume, Gemälde zieren die Wände, das Frühstück wird auf feinem Porzellan serviert. *13 Zi. | Kelleweg 10 | Fiss | Tel. 05476/535 45 | www.frommes.at |* €–€€

HOTEL JÄGERHOF
2 km von Landeck entfernt befindet sich dieses traditionelle Hotel, das allen Ansprüchen genügt und dennoch preisgünstig ist. *63 Zi. | Hauptstr. 52 | Zams | Tel. 05442/626 42 | www.jaegerhof-zams.at |* €

FREIZEIT & SPORT

35 Touren gibt es für Mountainbiker von Landeck bis zum Reschenpass, etwa die *Kuhalmrunde* bei Fiss (20 km, mittel) oder die alte *Schmugglerroute* (55 km, schwer). In Serfaus-Fiss-Ladis nimmt die Gondel das Bike mit. Zum Wandern lädt vor allem das *Sonnenplateau*, etwa vom Fisser Joch *(Schönjochbahn)* über den Spinnseerundweg oder vom Lazid *(Komperdellbahn)* über den Murmeltierrundweg. *Infos und Karten in den Verkehrsbüros*

AUSKUNFT

FERIENREGION TIROL WEST
Malserstr. 10 | Landeck | Tel. 05442/656 00 | www.tirolwest.at

ZIELE IN DER UMGEBUNG

ISCHGL ▶▶ [122 B3]
Auch wenn es die Ischgler nicht gern hören: Saufmeilen und Après-Ski-Gelage haben Ischgl (30 km von Landeck) in den letzten Jahren zum Ballermann der Alpen verkommen lassen. Auf der *Idalpe* (2320 m) geben sich jeweils Anfang und Ende der Saison die Popstars ein Stelldich-

LANDECK & DAS OBERE GERICHT

ein, Paris Hilton trifft man regelmäßig in der größten Disko des Dorfs, im *Pacha (Madleinweg 2 | www.pacha.at)*. Es gehört zu einem der besten Designhotels in Tirol: dem *Madlein*. Topmodern, mit viel Eleganz, tollem ☼ Ausblick und im Sommer gar nicht so teuer, wie man annehmen könnte. *74 Zi. | Madleinweg 2 | Tel. 05444/52 26 | www.ischglmadlein.com | €€€*

Drei-Hauben-Koch Martin Sieberer vom besten Restaurant des Oberlandes, der *Paznaunerstube*, ist bekannt für sein butterweiches Paznauner Schafl oder sein Wild aus eigener Jagd, das er mit Phantasie verfeinert. *Di geschl. | Ischgl 334 | Tel. 05444/600 | www.trofana.at | €€€*

KAUNERTAL [123 E-F 2-5]

12 km hinter Landeck zweigt das Tal ab, das zum zweitgrößten Gletscher Österreichs führt: dem *Gepatschferner*. Hin kommen Sie am Talende über die ☼ *Kaunertaler Gletscherstraße (Maut 20 Euro)* über 26 km und 29 Kehren am malerischen Gepatschspeichersee vorbei.

Am Anfang des Kaunertals führt Sie der Weg an der  *Fischer Ranch* vorbei. In einem der Teiche vor der kleinen Holzhütte suchen Sie sich Ihren Fisch selbst aus. Frische ist also garantiert. *Mai–Juni u. Sept. Mi–So, Juli–Aug. tgl. 11–21 Uhr | Kaunertalerstr. | Tel. 05472/203 97 | www.fischerranch.at | €*

Beeindruckend ist die ☼ *Burg Berneck* aus dem 12. Jh. (im 15. Jh. restauriert), die auf 130 m über dem Faggenbach den Weg über den Pillersattel ins Pitztal bewacht und in der Kaiser Maximilian I. wohnte, wenn er in der Region auf der Jagd war. *Juli–Sept. Fr, Sa 10 u. 11 Uhr | Anmeldung Tel. 05472/63 32*

SILVRETTA-HOCHALPENSTRASSE ★ [122 A4]

In Galtür, 10 km hinter Ischgl, kommen Sie auf die Silvretta-Hochalpen-

> DIE GEIERWALLY
Erinnerungen an eine mutige Frau

Der Film „Die Geierwally" wurde in den 1940er-Jahren im Ötztal gedreht und zeigt die Blut- und Bodenromantik der damaligen Zeit: Die Geierwally ist in einen Mann verliebt, den der Vater nicht akzeptiert. Sie verlässt daher den heimatlichen Hof, lebt allein mit einem jungen Geier, den sie aus einem Nest geraubt hat, und als Mannweib verschrien. Dem Plot liegt eine wahre Begebenheit zugrunde: Anna Stainer-Knittel, das echte Vorbild für die literarische Geierwally, wurde Mitte des 19. Jhs. im Lechtal geboren, studierte an der Kunstakademie in München und gründete eine Malschule für Frauen in Innsbruck. Sie war für ihre Porträtmalereien bekannt, vor allem für ihr Selbstbildnis als junges Mädchen in Männerkleidung, das sich an einem Seil herunterlässt und einen jungen Adler aus dem Nest holt. Nicht nur deshalb wurde sie als Geierwally zum Symbol für Emanzipation: Sie heiratete den Mann, den sie liebte, und ergriff einen Beruf – beides gegen den Willen des Vaters.

OBERLAND

straße, die Tirol mit dem Vorarlberger Montafon verbindet. Auf der Bielerhöhe liegt der *Silvrettasee* (2032 m), der einzige See Europas auf über 2000 m, auf dem ein Motorschiff fährt.

Pepis Skihotel. Die Zimmer sind sehr modern, mit viel Holz und jugendlicher Atmosphäre. *22 Zi. | Dorfstr. 2 | Tel. 05446/38 30 60 | www.pepis-skihotel.com | €€*

Insider Tipp

Der Herbst kommt: die ideale Zeit für Wanderausflüge ins Kaunertal

Sie haben einen herrlichen ❄ Ausblick auf die Berglandschaft Tirols.

ST. ANTON ★ ▶▶ [122 B2]

St. Anton (1300 m, 2800 Ew., 25 km von Landeck) hat sich dem edlen Tourismus verschrieben – auch die britische Königsfamilie war schon hier zum Skifahren. Die *Gallzigbahn* ist eine der modernsten Seilbahnen Österreichs mit einer außergewöhnlichen, glasdominierten Architektur.

Ein Hotel, das einen Kontrast zu den üblichen traditionellen Unterkünften bildet, ist das neu gebaute

OETZ & DAS ÖTZTAL

[124 A–B 1–3] Ötzis Heimat könnte widersprüchlicher nicht sein: Im ruhigen Hauptort Oetz haben sich ein jahrhundertealter Dorfkern und dörfliches Leben erhalten, während Sölden ganz auf junges, ausgehfreudiges Publikum setzt. Nicht umsonst wird Sölden mit seinen Diskos und Bars das Ibiza des Winters genannt. Im längsten Seitental des Inn (65 km), inmitten der Ötztaler Alpen, liegt der höchste Berg Tirols: die

OETZ & DAS ÖTZTAL

Wildspitze (3768 m). Das Ötztal ist niederschlagsarm und das Klima mild, Bedingungen, die Oetz auch den Beinamen „Meran des Nordens" eingebracht haben.

OETZER DORFKERN
Das Ortszentrum ist in seiner Ursprünglichkeit erhalten geblieben, Lüftlmalerei ziert viele Häuser. Besonders schön ist die 300 Jahre alte

Die Aussichtsplattform Gaislachkogel präsentiert die Ötztaler Alpen im Breitwandformat

■ SEHENSWERTES ■
LÄNGENFELD
Der ruhige Luftkurort Längenfeld *(17 km von Oetz)* ist mit 3100 Ew. der größte Ort des Tals. Im *Ötztaler Heimat- und Freilichtmuseum* sind ein Wohn- und mehrere Wirtschaftsgebäude zu besichtigen, die Ihnen einen Eindruck vermitteln, wie schwer das Leben im Ötztal für die Bauern war. Noch bis in die 1950er-Jahre mussten sie und ihre Familien in dieser Gegend vom Flachsanbau leben. *Mo–Fr 10–12 u. 14–17, So 14–16 Uhr | Lehn 24 | 4 Euro*

Stube im Gasthof Stera (1611), dem ehemaligen Gerichtssitz *(12 Zi. | Kirchweg 6 | Tel. 05252/63 23 | €)*. Essen nur auf Bestellung oder für Hausgäste, Kaffeetrinken möglich. Die Straße führt hinauf zur spätgotischen *Pfarrkirche zum hl. Georg und Nikolaus* mit schönen Deckenfresken und einem sagenhaften Ausblick über das halbe Ötztal.

ÖTZI-DORF ★
In unterschiedlichen Stationen erfahren Sie in diesem Freilichtmuseum, wie der Steinzeitmann lebte. Umhau-

> www.marcopolo.de/tirol

OBERLAND

sen | Tel. 05255/57 95 | 5,90 Euro | www.oetzidorf.at

Gleich hinter dem Ötzi-Dorf führt der Weg – teilweise steil – aufwärts zum größten Wasserfall Tirols, dem *Stuibenfall*. Entstanden ist er vor 9000 Jahren durch einen Felssturz, der das Bachbett versperrte. Seither stürzen bis zu 2000 l pro Sekunde über den 156 m hohen Stuibenfall. Auf insgesamt fünf Plattformen kommen Sie ganz nah an das Wasser heran. Gehen Sie bis zur obersten *(ca. 2 Std.)*, der ❄ Blick lohnt sich.

PIBURGER SEE

Der Bergsee (913 m), 3 km von Oetz entfernt, liegt malerisch mitten im Wald in einer Senke, die durch eine Naturkatastrophe entstand: Nach der letzten Eiszeit staute ein Felssturz das Wasser in dem kleinen Tal. Es wird im Sommer bis zu 24 Grad warm, im Süden ist ein gemütliches Strandbad.

ROFENHÖFE

Besser als im hintersten Winkel des Ötztals kann man sich in Tirol nicht verstecken. Das wusste im 15. Jh. auch Herzog Friedrich, der Zuflucht suchte, weil er den falschen Papst unterstützt hatte. Heute sind die Rofenhöfe auf 2014 m die höchst gelegenen ständig bewirtschafteten Höfe der Ostalpen. Sie haben einen tollen ❄ Blick auf das Bergpanorama und, über die nahe Hängebrücke, in die 31 m tiefe Schlucht. Übernachten und einkehren können Sie im *Geierwallyhof*. Die ❄ Aussicht aus den Zimmern nach dem Aufstehen macht jeden Morgen perfekt. *Rofen | Tel. 05254/81 45 | €*

SÖLDEN ▶▶

Die umliegenden Berge machen Sölden mit fast 500 km² zur flächenmäßig größten Gemeinde Österreichs. Hotels pflastern das ehemalige Bauerndorf, das im Winter aus dem Halligalli gar nicht mehr herauskommt. Im Sommer dagegen wird es zum beschaulichen Wandergebiet. Über den Gipfeln von Sölden gibt es drei ❄ Aussichtsplattformen, die einen unglaublichen Blick über die Ötztaler Alpen gewähren: *Gaislachkogel (Dorfstraße 115 (Talstation) | 9–16 Uhr | 20 Euro für Berg- und Talfahrt)* im Winter und im Sommer entweder *Tiefenbachferner* oder *Rettenbachferner (Gletscherstr. | 9–16 Uhr | je*

> VIA CLAUDIA AUGUSTA
Unterwegs auf der Straße der Legionäre

Die Straße, fertiggestellt 47 n. Chr., war die wichtigste Verbindung zwischen der römischen Hauptstadt und den Lagern im Norden an der Donau. Beim Eintritt nach Tirol verfolgt sie den Inn bis Landeck und Imst und führt dann über den Fernpass nach Reutte, von dort bis Augsburg. Zahlreiche Schilder weisen auf die Via Claudia Augusta hin, in vielen Museen im Tiroler Oberland sind römische Funde zu sehen. In Fliess steht ein modernes *Dokumentationszentrum (Di–So 10–12 u. 15–17 Uhr | Fließ 89 | 5 Euro | www.museum.fliess.at)* Die Via kann auch mit dem Rad befahren werden. *www.viaclaudia.at*

OETZ & DAS ÖTZTAL

12 Euro). Warm anziehen, die Plattformen liegen auf über 3000 m!

TURMMUSEUM
Der Turm war im Mittelalter Wohnsitz einer Adelsfamilie, ab dem 17. Jh. Verwaltungssitz für die Ländereien des Klosters Frauenchiemsee in Bayern. Heute beherbergt er eines der schönsten Museen Tirols. Unter den Gemälden finden Sie einige echte Schmuckstücke. Im Café gibt es selbst gebackenen Kuchen. *Di–So 14–18 Uhr | Führungen So 15 Uhr | Schulweg 2 | Oetz | 4 Euro | www.turmmuseum.at*

■ ESSEN & TRINKEN

GASTHAUS MESNER STUBEN
Traditionelles Restaurant, das Sie mit lokaler Kost wie dem Ötztaler Lamm verwöhnt. Saisonale Küche: von Spargel im Frühjahr zu Wildragout im Herbst. *Di geschl. | Oberlängenfeld 24 | Längenfeld | Tel. 05253/62 90 | www.mesnerstube.com | €€*

ÖTZTALER STUBE
Zwei-Hauben-Koch Gottfried Prantl verwöhnt Sie mit internationalen Gerichten und feinen Tiroler Rezepten. Das Restaurant gehört zu einem der besten Wellnesshotels *(120 Zi.)* im Ötztal. *Tgl. 19.30–21 Uhr | Central Spa Hotel | Hof 418 | Sölden | Tel. 05254/22 60 | www.central-soelden.at | €€€*

■ ÜBERNACHTEN

HOTEL AQUA-DOME
Das Hotel direkt neben der Therme ist eines der modernsten im ganzen Tal. Edle Zimmer, schöner Ausblick. Die Therme nutzen Sie als Gast gratis! *140 Zi. | Oberlängenfeld 140 | Längenfeld | Tel. 05253/64 00 | www.aqua-dome.at | €€€*

POSTHOTEL KASSL
Im ältesten Hotel im Ötztal (1605) soll Robert Musil seinen berühmten Roman „Mann ohne Eigenschaften" geschrieben haben. Das Hotel ist trotz seiner 400 Jahre modern und schön eingerichtet. *50 Zi. | Hauptstr. 70 | Oetz | Tel. 05252/63 03 | www.posthotel-kassl.at | €€*

■ FREIZEIT & SPORT

AQUA DOME
Das Heilwasser in der modernsten Therme Österreichs sprudelt aus 1800 m Tiefe an die Oberfläche – versetzt mit Natrium, Sulfid, Chlorid und Schwefel. Top-Architektur, die Schwimmbecken sind auf Stelzen

>LOW BUDGET

> Der *Aqua-Dome* im Ötztal hat jeden Abend ein Late Night Special: Therme, Sauna und ein Cocktail für 16 Euro ab 19.30 Uhr (bis 23 Uhr).

> In den Aktionswochen von Ende Mai bis Mitte Juni und von Anfang bis Mitte Oktober fahren Sie mit der *Bergbahn Hochoetz* einmal am Tag gratis. *9–12 u. 12.45–16.30 Uhr | Angerweg 13 | Tel. 05252/63 85 | www.hochoetz.at.*

> *Burgencard:* Insgesamt acht Burgen und Schlösser zwischen Landeck und dem Reschenpass sowie ein Schloss in Südtirol besichtigen Sie für nur 6,50 Euro. Erhältlich in den Tourismusbüros. Infos unter *www.burgencard.at*

OBERLAND

gebaut. Modernste Sauna, Dampfbäder. *Tgl. 9–23 Uhr | 15 Euro/3 Std., Sauna 8 Euro extra | Oberlängenfeld 140 | Längenfeld | Tel. 05253/64 00 | www.aqua-dome.at*

CANYONING & RAFTING
Gemütliche Familientour auf dem Inn oder Wildwasserrafting: *Wasser-c-raft | Ambach 29 | Oetz | Tel. 05252/67 21 | www.rafting-oetztal.at*

MOUNTAINBIKEN
Der *Ötztal-Mountainbike-Trail* führt über 135 km und 3000 Höhenmeter vom Talanfang bis zum Gletscher und bietet alle Schwierigkeitsgrade. *Karten in allen Tourismusbüros.* Geführte Radtouren bietet u. a. *Vacancia Total | Dorfstr. 11 | Sölden | Tel. 05254/31 00 | www.vacancia.at.*

AM ABEND

OILERS69 ▶▶
Die ehemalige Tankstelle ist ein In-Treffpunkt im Tiroler Oberland. Auf der Straße grüßt ein Skelett aus einem verrosteten Pick-Up. Drinnen erinnert die Bar an eine Raststätte an der Route 66 in den 1950er-Jahren. *Bundesstr. 9 | Haiming | Tel. 05266/874 10 | www.oilers69.com*

AUSKUNFT

ÖTZTAL TOURISMUS
Ambach: Ambach 26 | Tel. 057/200 700; Oetz: Hauptstr. 66 | Tel. 057/200 500 | www.oetztal.com

ZIEL IN DER UMGEBUNG

STIFT STAMS ★ [116 B5]
Mächtig thront das barocke Stift mit den zwei achteckigen Türmen (1273) über dem Inntal (18 km von Oetz). Bis ins 16. Jh. begrub man hier die Tiroler Landesfürsten. Mittelpunkt ist die Stiftskirche mit dem Rosengitter von der Vorhalle zur Heilig-Blut-Kapelle. Auch sehenswert ist der

Barocke Pracht: Fürstengruft Stift Stams

Bernardisaal, ein barocker Festsaal und das Museum mit wechselnden Ausstellungen. *Tgl. 9–18 Uhr, Museum Di–So 12–17 Uhr, Führungen nach Voranmeldung | Stiftshof 1 | Tel. 05263/624 20 | 6,50 Euro | www.stift stams.at*

SEEFELD

SEEFELD

[117 D5] Malerisch eingerahmt von der Hohen Munde und dem Karwendel liegt Seefeld (3000 Ew.). Vor allem der Bau der Karwendelbahn von Innsbruck nach Mittenwald verhalf dem ehemaligen Wallfahrtsort zur Bedeutung als Tourismushochburg. Heute dominieren den kleinen Ort vor allem Hotels im Tiroler Stil. Seefeld ist ein Paradies für Langläufer und Wanderer.

■ SEHENSWERTES

PFARRKIRCHE ST. OSWALD
Der Sage nach wollte der Ritter Oswald Milser während einer Messe eine größere Hostie als das gemeine Volk. Sie färbte sich blutrot. Das Tympanonrelief entlang des Hauptportals der spätgotischen Kirche erzählt die Geschichte dieses Hostienwunders, das Seefeld im Mittelalter zu einem berühmten Wallfahrtsort machte. Von der Kirche aus führt der Kreuzweg hinauf auf den Pfarrhügel.

SEEKIRCHL
Die achteckige Barockkirche (1629–66) stand auf einem See, der inzwischen trockengelegt ist. Das Kreuz auf dem Hochaltar war einst ein altes Wegkreuz. Hier wird gerne geheiratet. *Sommer tgl. 8–18 Uhr*

■ ESSEN & TRINKEN

SÜDTIROLER STUBE
Alte Tiroler Bauernstube mit traditioneller Tiroler Kost, italienischer Einschlag. *Tgl. ab 10 Uhr | Reitherspitzstr. 18 | Tel. 05212/50 46 | €€*

TRIENDLSÄGE
Uriges Restaurant mit Tiroler Kost. Nach dem Essen kann man sich die Schausäge erklären lassen. *Di-Abend und Mi geschl. | Triendlsäge 259 | Tel. 05212/25 80 | €€*

■ ÜBERNACHTEN

HOTEL ST. PETER
Kunst trifft Hotel: Bilder der Tiroler Künstler Fritz Wilberger oder Patri-

Wenn die Glocken durchs Tal tönen, wird im Seekirchl vermutlich wieder mal geheiratet

OBERLAND

zia Karg hängen überall in diesem schönen, modernen Wellnesshotel mit Blick auf das Seekirchl. *80 Zi. | Mösererstr. 53 | Tel. 05212/455 50 | www.mountains.at | €€*

■ AM ABEND
FLEDERMAUS ▶▶
Ein Klassiker in Seefeld: tagsüber ein Café mit Gastgarten, abends eine Cocktail-Bar, in der u.a. Karaoke-Veranstaltungen stattfinden. Viele Einheimische treffen sich hier. *Tgl. 11–3 Uhr | Bahnhofstr. 242 | www.fledermaus-seefeld.at*

WILDFANG
Elegante Bar mit stylishem Ambiente. Die Bar gehört zum Casino, in dem Sie zuvor Ihr Glück versuchen können. *Mo u. Di geschl. | Bahnhofstr. 124 | Tel. 05212/23 40*

■ FREIZEIT & SPORT
ALPENPARK KARWENDEL
Mit 730 km² ist der Alpenpark eins der größten Naturschutzgebiete der Ostalpen. Er erstreckt sich von der Seefelder Senke bis zum Achensee. In *Scharnitz* (10 km von Seefeld) finden Sie ein Informationszentrum. Das Herz dieses Zentrums bildet ein 8000 Jahre altes Elchskelett, das in einer Höhle im Park gefunden wurde. Vom Zentrum aus können Sie auf malerischem Weg zum Isarursprung wandern *(etwa 1,5 Std.). Ganzjährig geöffnet, genaue Zeiten auf Anfrage | Innsbrucker Str. 282 | Tel. 05213/52 70 | www.karwendel.org*

GOLFPLATZ SEEFELD-WILDMOOS
Der 18-Loch-Golfplatz gilt unter Kennern als einer der schönsten Plätze Tirols. *Tel. 0699/16 06 60 60 | www.seefeldgolf.at*

SPORT- UND KONGRESSZENTRUM
Großes Schwimmbad und wunderschöne Saunalandschaft. Im Keller befindet sich ein modernes THX-Kino mit 140 Sitzen. *Klosterstr. 600 | Tel. 05212/32 20 | 10 Euro (3 Std., plus 7 Euro für Sauna) | www.seefeld-sports.at*

■ AUSKUNFT
VERKEHRSAMT
Klosterstr. 43 | Tel. 050/88 00 | www.seefeld.com

■ ZIELE IN DER UMGEBUNG
LEUTASCHER GEISTERKLAMM [116 C4]
Der etwa einstündige Spaziergang durch die Klamm (etwa 5 km von Seefeld) ist ein einmaliges Naturerlebnis: Links und rechts ragen schroffe Felswände in die Höhe, 43 m unter Ihren Füßen tost die Leutascher Ache. Kinder erkunden mit verschiedensten Klanginstrumenten die Geheimnisse des Klammgeists, der einer Sage nach hier wohnen soll. Der Umweg zum Wasserfall lohnt sich *(2 Euro, Parkplatz 5 Euro)*. Festes Schuhwerk nicht vergessen!

MÖSERN [116 C5]
Der kleine Ort (400 Ew., 5 km von Seefeld) ist eine der schönsten Aussichtsplattformen Tirols. Kurz vor der Ortsausfahrt auf der linken Seite steht die größte Glocke des Landes; sie läutet täglich um 17 Uhr. Sie gelangen auch auf dem *Friedensglockenwanderweg* dorthin. Er beginnt bei der Seewald-Alm zwischen Seefeld und Mösern *(ca. 90 Min.)*.

> ENTDECKUNG DER LANGSAMKEIT

Vergangenheit und Gegenwart sind im Osten Tirols in liebevoller Weise vereint

> Wenn Sie die Felbertauernstraße nach dem Tunnel hinunter Richtung Lienz fahren, treten Sie nicht zu sehr aufs Gaspedal. Nehmen Sie sich vielmehr die Zeit, um nach links und rechts zu schauen und dabei wunderbare Eindrücke in sich aufzunehmen.

Es sieht aus, als wären Sie 100 Jahre in der Zeit zurückgefahren: Alte Bauernhäuser stehen abseits der Straße, wie man sie heute kaum noch sieht. Frauen, die sich auf den Weg zum Feld machen, tragen noch Kopftücher. Osttirol strahlt eine Ursprünglichkeit aus, die einzigartig ist und sofort angenehm ins Auge sticht: keine überdimensionalen Skischaukeln, keine modernen Touristenattraktionen. Vielmehr dominiert eine gemütliche Schlichtheit dieses Land, das politisch zwar als neunter Bezirk Tirols fungiert, aber durch einen Salzburger-Südtiroler Landkeil von seinem Mutterland getrennt ist.

Bild: St. Veit im Defereggental

OSTTIROL

LIENZ & DAS PUSTERTAL

[128–129 B–D5] **Das Hochpustertal, wie der Osttiroler Teil des Tals genannt wird, zieht sich von Sillian an der Südtiroler Grenze bis nach Lienz.** Das Tal bietet Ruhe und Erholung durch seine Abgeschiedenheit und Ursprünglichkeit. Lienz (12 000 Ew.) hingegen ist ein emsiges Städtchen mit mediterranem Flair, das durch eine schöne Altstadt, viele Einkaufsmöglichkeiten und gemütliche Bars glänzt.

SEHENSWERTES

AGUNTUM

Heute rauscht der Verkehr mitten durch die 2000 Jahre alte Römersiedlung (ca. 4 km von Lienz). Sie war einst ein wichtiges Handelszentrum. Die doppelwandige Stadtmauer und das große Tor, durch das eine zwei-

LIENZ & DAS PUSTERTAL

spurige Straße führte, sind noch gut zu erkennen. Im 1200 m² großen *Atriumhaus*, dem Wohnhaus eines reichen Händlers, erfahren Sie viel über das Leben der alten Römer in mehrmals abgebrannt, heute stammen viele Gebäude aus der Zeit nach dem Zweiten Weltkrieg. Den Abschluss des dreieckigen Hauptplatzes bildet der Zwiebelturm der im 17. Jh.

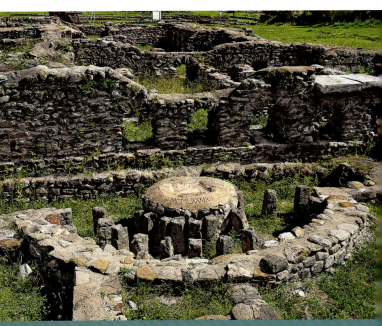

Im ehemaligen Aguntum siedelten die Römer und trieben Handel mit den Tirolern

den Alpen. Workshops für Kinder. *April–Mai tgl. 9.30–16, Juni–Sept. tgl. 9.30–18, Okt. 9.30–16 Uhr | Stribach 97 | Tel. 04852/615 50 | 5 Euro | www.aguntum.info*

ALTSTADT
Wo Isel und Drau zusammenfließen, legten die Grafen von Görz eine Siedlung an – rund um den heutigen Lienzer Hauptplatz. Die Stadt ist umgebauten Kirche *St. Antonius von Padua*. Die *Liebburg* mit den zwei Türmen, 1605–08 erbaut, in der Mitte des Hauptplatzes war ehemaliger Grafenwohnsitz und beheimatet heute das Rathaus. Nördlich des Hauptplatzes befindet sich das *Alte Spital* mit der Spitalskirche aus dem 13. Jh. Gleich daneben sehen Sie einen Teil der alten *Stadtmauer* mit dem Iselturm.

> www.marcopolo.de/tirol

OSTTIROL

RIEPLER SCHMIEDE
Es zischt und raucht, wenn der Schmied in der mittelalterlichen Werkstatt das Eisen bearbeitet. Schmieden Sie sich Ihren eigenen Glücksbringer! Der Hausherr kennt viele Geschichten, die er mit viel Humor darbringt. *Di und Sa ab 16 Uhr | am Ende der Schweizergasse, Nähe Klösterle | Tel. 04852/652 65*

SCHLOSS BRUCK ⭐
Die Grafen von Görz bauten das weithin sichtbare Schloss auf dem Schlossberg und zogen 1278 ein. 1500 fiel es in den Besitz von Maximilian I. Der erste Stock war früher Gerichtssitz, hier fand der letzte Osttiroler Hexenprozess 1680 statt. Seit 1943 ist das Schloss ein Museum und Highlight für Fans von Albin Egger-Lienz. Seine größten Werke stehen neben einer Sammlung von Werkzeugen und anderen Gegenständen, die in der nahen Römerstadt Aguntum ausgegraben wurden. Besonders sehenswert: die gotischen Fresken in der Burgkapelle. *Mitte Mai–Aug. tgl. 10–18, Sept.–Okt. tgl. außer Mo 10–16 Uhr | Schlossberg 1 | 7 Euro | www.museum-schlossbruck.at*

STADTPFARRKIRCHE ST. ANDRÄ & BEZIRKSKRIEGERDENKMAL
Sie ist die älteste Kirche in Lienz und wurde auf dem Fundament einer romanischen Kapelle aus dem 5. Jh. erbaut. In der Krypta sehen Sie noch die Reste der alten Kapelle. Besonders lohnend ist der Friedhof rund um die Kirche. Die Gräber in den Arkaden sind reich bemalt, die Mauer ist teilweise noch original aus dem 15. Jh. Das Prunkstück der Anlage ist die Bezirksgedächtniskapelle von Clemens Holzmeister aus dem Jahr 1925. Dort liegt der größte Künstler Osttirols, der Maler Albin Egger-Lienz, begraben. An den Wänden hängt sein großer Zyklus „Sämann und Teufel", „Totenopfer", „Der Auferstandene" und „Die Namenlosen" aus. *Pfarrgasse 4 | Schlüssel im Haus gegenüber*

ESSEN & TRINKEN
GASTHAUS GOLDENER FISCH
Der Fischerwirt bietet gutbürgerliche Küche. Spezialität des Hauses ist, wie der Name verrät, frischer Fisch aus Osttirol. *Kärntner Str. 9 | Tel. 04852/621 32 | www.goldener-fisch.at | €€*

MARCO POLO HIGHLIGHTS

⭐ Schloss Bruck
Die weltweit beeindruckendste Ausstellung des Tiroler Malers Albin Egger-Lienz. Nicht nur für alle Kunstliebhaber ein Muss (Seite 77)

⭐ Umbalfälle
Die Kraft der Natur wird an den spektakulären Wasserfällen deutlich (Seite 83)

⭐ Tristacher See
Der einzige Badesee Osttirols (Seite 80)

⭐ Aguntum
Entdecken Sie bei Lienz die einzige Römerstadt auf Tiroler Boden (Seite 75)

⭐ Kals
Tolles Bergpanorama mit Sicht auf den Großglockner (Seite 83)

LIENZ & DAS PUSTERTAL

GÖSSERBRÄU
Das Wirtshaus im alten Lienzer Rathaus hat neu eröffnet und bietet allerhand Deftiges, das gut zu Bier passt. Das Lokal ist mittlerweile zu einem In-Treff geworden. *Johannesplatz 10 | Tel. 04852/72 174 | www.goesserbraeu-lienz.at | €€*

■ EINKAUFEN

WEINPHILO
Wenn Sie guten Wein kaufen wollen, sind Sie hier genau richtig. Probieren Sie am besten die Weine, die auf der Tafel angeschrieben sind. *Messinggasse 1 | Tel. 04852/612 53 | www.weinphilo.com*

■ ÜBERNACHTEN

GASTHOF TIROLERHOF ☆
Insider Tipp
In der Ortschaft Dölsach ist dieses kleine Hotel etwas Besonders. in den Hang hinein gebaut, mit einer unglaublichen Aussicht auf Aguntum, Lavant und Lienz, mit acht frisch renovierten, modernen Zimmern. *Dölsach 8 | Tel. 04852/641 11 | www.tirolerhof.or.at | €–€€*

HOTEL TRAUBE ☆
Die Zimmer sind zwar geräumig und sauber, trotzdem fehlt dem Haus das gewisse Etwas. Entschädigt wird man dafür allerdings durch den überdachten Pool im obersten Stockwerk mit Blick über ganz Lienz. *55 Zi. | Hauptplatz 14 | Tel. 04852/644 44 | www.hoteltraube.at | €€€*

■ FREIZEIT & SPORT

GALITZENKLAMM
45 Minuten spazieren Sie über Brücken die Klamm entlang, unter Ihnen tost der Galitzenbach. Der Weg ist aber nicht halb so spannend wie der Klettersteig, der unterhalb, ganz nah am tosenden Bach, entlangführt. Ein bisschen Mut und Trittfestigkeit brauchen Sie zwar, Sie müssen aber keine Angst haben, denn Sie hängen an einem Stahlseil und sind gesichert. *3 Euro | Klettersteigset Leihgebühr 5 Euro | keine Kinder unter 8 Jahren | Anmeldungen im Verkehrsbüro Lienz*

MOUNTAINBIKEN
Touren für Einsteiger und Fortgeschrittene mit Radguide bietet *Bike Erlebnis Osttirol* (*Zettersfeld Talstation in Lienz | Tel. 04852/685 41 | www.bike-erlebnis-osttirol.at*).

RAFTING
In einem Schlauchboot einen reißenden Gebirgsbach hinunterrauschen. *Rafting & Outdoor Center Osttirol | neben der Bundesstraße in Ainet 41 | Tel. 0650/336 80 00 | www.raftingcenter.at*

WELLNESS
Das einzige erhaltene Bauernbadl Ostirols, das *Aigner Badl*, ist in einem alten Bauernhaus in Abfaltersbach untergebracht und besteht schon fast 250 Jahre. Gebadet wird in einem Bottich aus Lärchenholz. Deckel drauf, und schon können Sie im Kalziumsulfat-Wasser herrlich entspannen! Außerdem ist ein Bad im Aigner Badl gut für die Gesundheit: Es lindert u. a. Rheuma, Gelenkschmerzen, Ischias und fördert darüber hinaus die Wundheilung. *Mai–Sept. Mo–Sa 10–20, So ab 11 Uhr | Drauradweg | pro Bad 13 Euro | Tel. 0699/11 59 13 77*

> www.marcopolo.de/tirol

OSTTIROL

AM ABEND

DEEP BLUE ▶▶
In dieser Disko wird fast bis zum Morgengrauen durchgemacht. *Di–So 18–2 Uhr | Hauptplatz 14*

YELLOW PUB ▶▶
Das Pub ist gemütlich zum Chillen. Es gibt leckere Cocktails, regelmäßig Konzerte und andere Events. *Tgl. ab 17 Uhr | Zwergergasse 2*

AUSKUNFT

TOURISMUSVERBAND LIENZER DOLOMITEN
Europaplatz 1 | Tel. 04852/652 65 | www.lienz-tourismus.at

ZIELE IN DER UMGEBUNG

LAVANT 〰   [129 E5]
Gleich nach der ersten Kurve am Kirchbichl kommen Sie am *Museum* vorbei, in dem römische Werkzeuge ausgestellt sind *(tgl. ca. 8–18 Uhr)*. Auf dem Berg stehen zwei Kirchen: die spätgotische, rosarote *St. Ulrichskirche* (erbaut um 1500) und *St. Peter und Paul*. Von hier haben Sie einen schönen Ausblick über das Drautal und auf die Reste der alten Bischofskirche aus dem 5. Jh. Der *Lavanter Kirchbichl* ist heute noch ein beliebter Wallfahrtsort.

PUSTERTALER HÖHENSTRASSE 〰
Die Auffahrt liegt kurz hinter Lienz, die Straße führt am Sonnenplateau entlang und bietet mit ihrem Panorama eine tolle Abwechslung zur Hauptstraße. Kurz bevor es wieder hinab nach Abfaltersbach geht, steht *Schloss Anras*. Ab 1200 war es Bischofs- und Gerichtssitz, heute ist es ein Museum und beheimatet eine der größten Ausstellungen von Paul Flora, dem berühmten Tiroler Karikaturisten. *Mo–Fr 10–12 u. 14–17,*

Nichts für Warmduscher: mit kräftigem Schlag durch die kalten Gewässer Tirols paddeln

78 | 79

MATREI IN OSTTIROL

So 15.30–17.30 Uhr | www.schloss-anras.at

Insider Tipp Das Hauben-Restaurant im *Hotel Pfleger* ist ein Geheimtipp für Osttiroler Schmankerln und traditionelle Gerichte mit mediterraner Verfeinerung. *Do–Di 11.30–14 u. 18–21 Uhr | Dorf 15 | Anras | Tel. 04846/62 44 | www.hotel-pfleger.at | €€*

TRISTACHER SEE ⭐ [128 B5]

Etwa 5 km südlich von Lienz liegt der einzige Badesee Osttirols (830 m), an seiner Ostseite ein beliebtes Strandbad. Eine halbe Stunde dauert die Seeumrundung. Am Westufer liegt das schönste Hotel der Umgebung, das *Parkhotel Tristacher See*. Die 53 Zimmer sind gediegen, die Preise auch. *Tel. 04852/676 66 | www.parkhotel-tristachersee.at | €€€*

Vom Hotel führt ein Weg zum *Naturdenkmal Alter See (15 Min.)*, eine der letzten Moorlandschaften der Region mit einzigartiger Tierwelt. **Insider Tipp** Schauen Sie erst ab der Mittagszeit vorbei, vorher gibt es keine Sonne.

VILLGRATENTAL [128 B5]

Ganz hinten im Tal liegt der abgeschiedene Ort *Innervillgraten*, bekannt durch die letzte große Wilderer-Saga Tirols: Anfang der 1980er-Jahre erschoss ein Jäger den Wilderer Pius Walder. Eines der besten Tiroler **Insider Tipp** Gasthäuser ist der Gannerhof, ein Haubenlokal im Bergbauernstil, berühmt für seine Lammgerichte. *Mo/Di geschl. | Innervillgraten 93 | Tel. 04843/52 40 | www.gannerhof.at | €€*

Wenn Sie Bergbauernromantik mögen, ist die *Oberstaller Alm* genau der richtige Ort für Sie: 19 urige Holzhütten und eine weiße Kapelle – mehr als 300 Jahre alt und unter Denkmalschutz – stehen in einer Siedlung zusammen auf 1864 m. Einige Hütten können Sie mieten *(z. B. Ferienwohnungen & Almhütten Gutwenger | Hochberg 23 | Innervilgraten | Tel. 04843/51 62 | www.gutwenger.at | €)*, die Ausstattung ist sehr ursprünglich: Holzherd, Plumpsklo, Petroleumlampen.

MATREI IN OSTTIROL

[128 C3] Matrei (5000 Ew.), dominiert vom mächtigen Turm der barocken Pfarrkirche St. Alban, dem „Matreier Dom", liegt mitten im Nationalpark Hohe Tauern. Der Ort ist eingebettet zwischen den zwei höchsten Bergen Österreichs: dem Großvenediger (3662 m) und dem Großglockner (3798 m). Seit Beginn des 20. Jhs. kommen Touristen hierher, um die klare Luft und das einmalige Bergpanorama zu genießen. Im Sommer präsentiert sich der kleine Ort verschlafen, im Winter erwacht Matrei zum Skiparadies.

■ SEHENSWERTES

INNERGSCHLÖSS

Insider Tipp Am Matreier Tauernhaus (15 km nördlich der Ortschaft) beginnt die Wanderung zum schönsten Talschluss der Ostalpen. Linker Hand des Bachs führt ein breiter Fuhrweg, rechts ein kleiner Steig. Sie sollten ruhig einmal den Fuhrweg nehmen: Er führt vorbei an einer sehr romantischen Felsenkapelle, die in den Berg hineingebaut ist. Kuppel der Kapelle ist der nackte Fels. Innergschlöß ist eine romantische Siedlung alter Alm-

> *www.marcopolo.de/tirol*

OSTTIROL

hütten. Die Hütten sind im Sommer teilweise bewohnt oder werden vermietet. Sehr rustikal speisen Sie im *Alpengasthof Venedigerhaus (Tel. 0650/450 18 13 | www.venedigerhaus-innergschloess.at | €–€€).*

gebaut ein echtes Kleinod: die St.-Nikolaus-Kirche, ein vollständig erhaltener, ganz schlichter, romanischer Bau aus dem 12. Jh., in dem noch Freskenreste aus dieser Zeit zu finden sind.

Die St.-Nikolaus-Kirche in Matrei beeindruckt durch ihren schlichten Stil

NATIONALPARKHAUS

Auf mehrere Stockwerke verteilt informieren Sie hier Multimediaausstellungen rund um den Nationalpark Hohe Tauern. Sie sehen eine Schau über die Geschichte des Bergsports sowie einen kleinen Gebirgsbach, der mitten durchs Haus plätschert. *Mo–Sa 9–18 Uhr | Kirchplatz 2 | www.hohetauern.at*

ST.-NIKOLAUS-KIRCHE

Etwa 3 km von Matrei Richtung Virgen steht links in den Hang hinein

ZEDLACHER PARADIES

Übergroße Tiere – z. B. ein 3 m großer Bär – begleiten diesen Lehrpfad im Zauberwald über Tiere, Pflanzen und Sagen. Besonders schön ist es hier im Herbst, wenn sich die Nadeln der Bäume gelb färben *(nach dem Ortszentrum Matrei rechts den Schildern folgen)*. Am Rand des Zedlacher Paradieses steht der *Bartlerhof*, ein uriger Bio-Bergbauernhof mit Kneippanlage, Bauerngarten und Verkauf hofeigener Produkte. *4 Zi. | Zedlach 8 u. 9 | Tel./Fax 04874/56 09*

MATREI IN OSTTIROL

ESSEN & TRINKEN

Insider Tipp
RAUTER
Das Haubenlokal im gleichnamigen Hotel in Matrei führt auf seiner Speisekarte traditionelle Spezialitäten wie Wild und Forellen, bietet aber auch für Osttirol ausgefallene Speisen, etwa Hummer oder Gänseleber, und ein erlesenes Weinsortiment an. *Tgl. ab 18.30, So auch mittags ab 12.30 Uhr | Rauterplatz 3 | Tel. 04875/66 11 | www.hotel-rauter.at | €€–€€€*

ÜBERNACHTEN

Insider Tipp
HOTEL HINTEREGGER
Der hintere Teil des Hauses war früher ein Kino, jetzt ist alles nagelneu und topmodern, mit viel Holz, tollen Bädern, großen Balkonen und schönem Wellnessbereich. *40 Zi. | Hintermarkt 4 | Tel. 04875/65 87 | www.hotelhinteregger.at | €€*

>LOW BUDGET

> *Nationalpark-Wanderbus*: Für nur 2 Euro pro Fahrt bringen Sie die Postbusse am Wochenende für Ihre Wanderungen nach Kals, ins Defereggen- und ins Virgental. *Fahrplan auf www.hohetauern.at*

> Wenn Sie einen *Ausflug ins Pustertal* planen: Mit dem Rad-Bahn-Paket können Sie für 11 Euro nach Innichen in Südtirol mit der Bahn fahren, Ihr Fahrrad gratis befördern, die 42 km nach Lienz zurückradeln, und dann haben Sie noch einen Eintritt in einer Sehenswürdigkeit frei, entweder die Galitzenklamm, Schloss Bruck oder das Strandbad Tristacher See. *Erhältlich im Verkehrsbüro*

HOTEL OUTSIDE ☼
Wunderschönes Wellnesshotel. Von den Balkonen haben Sie einen herrlichen Ausblick, und der Spa-Bereich ist top. Im Sommer können Sie vor dem Haus in einem künstlichen Schwimmteich plantschen. *43 Zi. | Virgenerstr. 3 | Tel. 04875/52 00 | www.hotel-outside.com | €€€*

FREIZEIT & SPORT
RADFAHREN
Matrei ist ein Bikerparadies: Für die ganze Familie geeignet ist der *Radwanderweg Iseltal*. Mit guter Kondition können Sie die 15 km lange Strecke über 500 Höhenmeter über Zedlach zum Strumerhof auf Asphalt fahren. Geübte Biker nehmen den 23 km langen Schotterweg über 1200 Höhenmeter zur Bergstation Goldried.

REITEN
Kurse für Anfänger und Fortgeschrittene, auch Reittherapie: *Union Reit- und Fahrverein Iseltal | Griesstr. 20 | Tel. 04875/67 25*

WANDERN
Einer der schönsten Wanderwege in der Region ist der *Europa-Panoramaweg*. Mit der Goldried-Bergbahn geht es hinauf auf 2190 m. Von dort führt der Weg flach in etwa zwei Stunden nach Kals. Der ☼ Panoramablick auf den Großglockner und 60 andere Dreitausender ist einmalig.

AM ABEND
ALTE MÜHLE
Das Haus und der dazugehörige Stadel wurden aus 200 Jahre altem Holz gebaut. Die Mühle ist urig, Livemu-

OSTTIROL

sik und lokale Kleinigkeiten wie Schlipfkrapfen. *Gereitstr. 1 | Tel. 04875/64 08 14 | www.alte-muehle.at*

■ AUSKUNFT

TOURISMUSINFORMATION MATREI IN OSTTIROL
Rauterplatz 1 | Tel. 04875/65 27 | www.matreiinosttirol.at

■ ZIELE IN DER UMGEBUNG

DEFEREGGENTAL [128 B–C4]

Das enge Tal (10 km von Matrei) ist ein beliebter Rückzugsort für Wanderer. Besonders beliebt ist die Wanderung durch den *Oberhauser Zirbenwald*, den größten zusammenhängenden Zirbenbestand der Ostalpen. Er liegt in St. Jakob, dem ruhigen Hauptort des Tals. Verwöhnen lassen können Sie sich im 1000 m² großen Spa-Bereich des Sport- und Wellnesshotels *Jesacherhof (60 Zi. | Außerrotte 37 | Tel. 04873/53 33 | www.jesacherhof.at | €€–€€€).*

KALS ★ [129 D3]

Das urige kleine Örtchen auf 1325 m Seehöhe liegt am Fuß des Großglockners (3798 m), des höchsten Bergs Österreichs. Den schönsten Blick auf den Berg (und 60 weitere Dreitausender) hat man von der ❄ *Bergstation Blauspitz* in 2300 m – warm anziehen! *Talstation Kals | 15 Min. Liftfahrt | Berg- und Talfahrt 19 Euro*

Die Ausstellung „Im Banne des Großglockners" im Keller des *Tourismusvereins (Ködnitz 7 | 4 Euro)* erklärt den Werdegang Kals' vom Bergbauerndorf zum Tourismusort und das Brauchtum rund um den größten Berg Österreichs.

VIRGENTAL [128 B–C3]

In der Ortschaft *Obermauern* (10 km von Matrei) steht eine spätgotische Kirche, die bekannt ist für ihre reichen Fresken. Die Wandmalereien

Schafschur im Defereggental

stammen von Simon von Taisten aus dem 15. Jh.

Ganz hinten im Virgental, bei Hinterbichl/Prägraten, liegen die beeindruckenden ★ *Umbalfälle*. Vom gebührenpflichtigen Parkplatz Ströden *(5,50 Euro)* können Sie in einer halben Stunde bis zu den beiden Almen Pebell und Islitzeralm spazieren oder eine Kutsche nehmen. Dort beginnt der Wasserschaupfad. Die Wasserfälle beeindrucken besonders im Frühjahr kurz nach der Schneeschmelze. Auf verschiedenen Aussichtsplattformen kommt man ganz nah an die Katarakte heran.

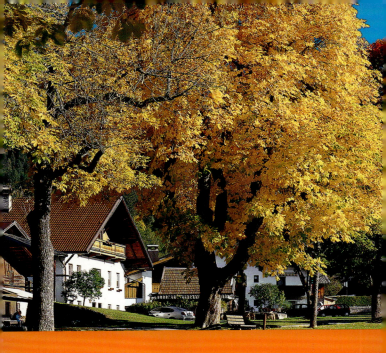

> AUF DER ANDEREN SEITE DES PASSES

Die Region glänzt mit ihrem Bergpanorama wie sonst kaum eine andere Gegend in Tirol

> Das Außerfern – also jenseits des Fernpasses – beeindruckt wie kaum andere Region Tirols durch ihre Schönheit. Vom Fuß der Zugspitze bis weit in das Lechtal hinein erstreckt sich die Ferienregion, umgeben von der romantischen Kulisse beeindruckender Berge und durchzogen von vielen Seen. Die Sportler fühlen sich rund um die Zugspitzarena am wohlsten. Ruhesuchende finden Entspannung im Lechtal oder im Tannheimer Tal.

Bild: Zugspitz-Arena im Herbst

EHRWALD & DIE ZUGSPITZ-ARENA

[115 E/F4–116 A/B4] Zur Zugspitzarena gehören Ehrwald, Lermoos, Bichlbach, Berwang und Biberwier. Schon seit Anfang des 20. Jhs. kommen Gäste nach Ehrwald (2700 Ew., 995 m). Hier hat man auch heute noch nicht das Ge-

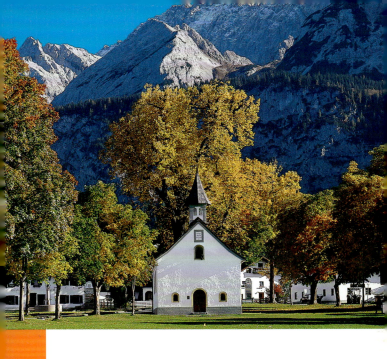

AUSSERFERN

fühl, in einem Touristenort zu sein, eher in einem beschaulichen Dorf. Jahrelang herrschte in der Region Stillstand, mittlerweile aber weht ein Wind der Erneuerung. Hotels und Attraktionen bieten Luxus, der international jedem Vergleich standhält.

■ SEHENSWERTES
BERWANG
In dem vom übrigen Ortsgebiet Berwangs abgelegenen Ortsteil Rinnen befindet sich die höchstgelegene Brauerei Österreichs. Hier werden Helles, Dunkles und Weißbier gebraut. Lassen Sie sich vom Wirt mit dem bunten Spielzug Stadl-Bräu-Express entführen. Es geht entweder zum nahen Wasserfall oder zum „Ende der Welt", einem Talschluss – hier wird das offene Tal ganz eng. *Restaurant Café Thaneller | Stadl Bräu | Rinnen | Tel. 05674/81 50 | www.hotelthaneller.at*

EHRWALD & DIE ZUGSPITZ-ARENA

BICHLBACH
Der beschauliche Ort (900 Ew., 10 km von Ehrwald) ist ein Ferienziel für Biker und Wanderer. Die St.-Josefs-Kirche (17. Jh.) auf einer klei-

ZUGSPITZE ★ ☼
Der Blick vom Gipfel des höchsten Bergs Deutschlands (2962 m) ist ebenso atemberaubend wie der Preis für die Gondelfahrt (53 Euro Berg-

Zu kalt zum Baden, aber nicht zu schön zum Fotografieren: der Seebensee

nen Anhöhe ist die einzige Zunftkirche Österreichs. Hier wurden die Handwerker im Frühjahr verabschiedet, bevor sie allsommerlich in die Region zum Arbeiten aufbrachen (tgl. 9–18 Uhr). Im Zunftmuseum erfahren Sie, wie Zimmerleute, Vergolder und Maurer damals gelebt haben. Wahl 31a | www.zunftmuseum.at.

Der Badesee Bichlbach wird biologisch geheizt und gereinigt. Daneben können sich die wasserscheuen Gäste auf Minigolf-, Beachvolleyball- und Tennisplatz vergnügen. Tgl. 10–19 Uhr | 3,80 Euro | www.tiscover.at/bichlbach

und Talfahrt | ca. 10 Min.). Dafür ist der Eintritt ins Bergmuseum frei, in dem Sie einen Einblick in die Geschichte der Zugspitze und den Bau dieser ersten Tiroler Seilbahn erhalten. Hier oben steht übrigens auch der höchstgelegene Biergarten Deutschlands. Mittwochabend gibt es im Gipfelrestaurant Fondue (45 Euro). Der romantische Sonnenuntergang und eine musikalische Begleitung sind dabei inklusive. Zurück geht es wieder mit der Gondel. Ende Mai–Ende Okt. tgl. 8.40–16.40 Uhr | Reservierung Tel. 05673/23 09 | www.zugspitzbahn.at

> www.marcopolo.de/tirol

AUSSERFERN

■ ESSEN & TRINKEN

FISCHER AM SEE
Nach den exquisiten Fischgerichten ist ein kleiner Spaziergang am Ufer des Heiterwanger Sees zu empfehlen. *Fischer am See 1 | Heiterwang | Tel. 05674/51 16 | www.fischeramsee.at | €€*

MAYER'S WINE LOUNGE
Modern und geschmackvoll eingerichtete Lounge, die mit Wokgerichten, zarten Steaks oder Surf & Turf verwöhnt. Dazu eine Weinkarte, dick wie ein kleines Buch. *Unterdorf 30 | Lermoos | Tel. 05673/242 42 00 | www.winelounge.at | €€*

■ EINKAUFEN

ZIEGENHOF-PETER
Hier gibt es alles von der Ziege: Käse, Joghurt und Ziegenmilcheis. Und alles ist Bio. Wenn der Ziegenpeter Zeit hat, setzt er sich zu Ihnen und erzählt Ihnen mit viel Tiroler Schmäh seine Bauernhof-Anekdoten. *Verkauf 17–19 Uhr | Hölzli 3 | Tel. 05673/39 31 | www.ziegenhof-peter.at*

■ ÜBERNACHTEN

CUBE BIBERWIER-LERMOOS ▶▶
Ein Hotel, gebaut wie ein Würfel, direkt neben Skipiste und Sommerrodelbahn. Futuristische, minimalistische Zimmer. Ideal für junge Gäste. Eigene Disko und eine Gamezone im Keller. *70 Zi. | Fernpass-Str. 71–72 | Biberwier | Tel. 05673/225 65 | www.cube-hotels.com | €€*

MOHR LIFE-RESORT
Schon bei der Ankunft ein optischer Genuss: Ruhige Farben und viel Holz dominieren den Eingangsbereich. Zirbenholzzimmer im Lifestyle-Teil des Hotels, komfortable und deutlich günstigere Unterkünfte im traditionellen Bereich. Großes Spa. *64 Zi. | Innsbruckerstr. 40 | Lermoos | Tel. 05673/23 62 | www.mohr-life-resort.at | €€– €€€*

■ FREIZEIT & SPORT

WANDERN
Eines der schönsten Ziele ist der *Seebensee* (1657 m). Mit der *Ehrwalder Almbahn* geht es hinauf *(tgl. 8.30–16.45 Uhr | 12 Euro | www.ehrwalderalmbahn.at)* und dann noch etwas anderthalb Stunden zu Fuß. Bei gutem Wetter spiegelt sich das Zugspitzmassiv im kristallklaren, eiskalten Wasser.

WESTERN-REITERHOF
Erkunden Sie die Zugspitzarena wie ein Cowboy auf dem Rücken eines

MARCO POLO HIGHLIGHTS

★ **Zugspitze**
Von der Tiroler Seite ist der Aufstieg am spektakulärsten (Seite 86)

★ **Plansee**
Ein Erlebnis wie im norwegischen Fjord (Seite 91)

★ **Burgenwelten Ehrenberg**
Ein Riesenspaß für die ganze Familie auf einer der größten mittelalterlichen Burgen Tirols mit Ritterturnieren, Waffen- und Ritterausrüstung zum Anfassen und einem Mittelaltermarkt mit historischen Paraden (Seite 89)

REUTTE & DAS LECHTAL

Pferdes. Außerdem „Stöpselreiten" für die Kleinen. *Joselerhof* | *Berwang 136* | *Tel. 0664/223 49 12* | *www.tinkerponys.at*

■ AM ABEND
MUSIKCAFÉ ▶▶
Konzerte, z. B. Blues oder Soul, Vorträge und Tiroler Abende gibt es in diesem Kulturzentrum. *Hauptstr. 27* | *Tel. 0664/120 47 74* | *www.musikcafe.at*

■ AUSKUNFT
VERKEHRSBÜRO EHRWALD
Am Rettensee | *Tel. 05672/200 00* | *www.zugspitzarena.com*

■ ZIEL IN DER UMGEBUNG
SCHLOSS FERNSTEIN [116 A5]
Das Schloss liegt malerisch auf der Route nach Innsbruck (32 km von Reutte) gleich hinter dem Fernpass. 1519 erstmals erwähnt, beherbergte es Kaiser und Könige, die auf dieser einst wichtigen Verbindung zwischen Allgäu und Tirol unterwegs waren. Die privaten Seen *Fernsteinsee* und *Sameranger See* neben dem Schloss sind wegen ihrer Klarheit und einmaligen Flora ein Geheimtipp für Taucher (nur für die Gäste des *Hotels Fernsteinsee*). Das Hotel hat schöne Zimmer im Tiroler Stil und exquisite Suiten im Schloss selbst. Barocke Stuckdecke und antikes Mobiliar. *33 Zi.* | *Nassereith* | *Tel. 05265/52 10* | *www.schloss-fernsteinsee.at* | €€

Insi Tip

REUTTE & DAS LECHTAL
[114–115 B–E 2–4] Eingebettet zwischen Lechtaler und Allgäuer Alpen liegt das Lechtal. Der wildromantische Lech und

Wohnen wie einst Könige und Kaiser: Edles Ambiente wartet im Schloss Fernstein

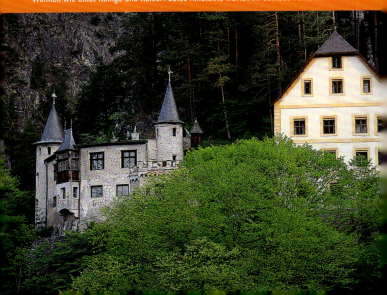

AUSSERFERN

seine Auen – mittlerweile einer von Tirols schönsten Naturparks – durchziehen das Tal und laden zu Wanderungen und Radtouren ein. Der Hauptort Reutte (6000 Ew.), heute Bezirkshauptstadt des gesamten Außerfern, besticht durch kunstvolle Barockhäuser im Zentrum.

■ SEHENSWERTES

ALPENBLUMENGARTEN

Mehr als 600 Arten seltener hochalpiner Pflanzen wie Enzian oder Frauenschuh blühen hier auf dem Hahnenkamm *(mit den Reuttener Seilbahnen zu erreichen | Sommer tgl. 9–12 und 13–17 Uhr | Bergbahnstr. 18 | Führungen nach Voranmeldung | Tel. 05672/62 15 | www.reuttenerseilbahnen.at)*. Wenige Minuten entfernt laufen Sie auf dem alpinen *Barfuß-Wanderweg* über Holz, durch Wasser, über Stein und sieben weitere Stationen. Sehr angenehm für die Füße – aber Achtung: Kuhfladen!

BURGENWELTEN EHRENBERG ⭐

Hoch über der Straße zum Fernpass thront das ❊ Schloss von Ehrenberg aus dem 13. Jh. mit den mächtigen Mauerkonstrukt. An seinem Fuß: die Ehrenberger Klause, die einst diese wichtige Durchzugsstraße bewachte. Einmal Ritter sein – diesen Traum können Sie sich im *Museum Dem Ritter auf der Spur* in der Klause erfüllen. Ritterrüstungen und -waffen zum Anfassen, vor allem für Kinder ein großer Spaß. Jedes Jahr am letzten Wochenende im Juli werden auf der Burg Ritterturniere, Mittelaltermarkt und Paraden aufgeführt. *Tgl. 10–17 Uhr, Nov. geschl. | Museum 7,50 Euro | www.ehrenberg.at*

Die Burganlage können Sie frei begehen, beim Multimediaspektakel *Ehrenberg Historical* wird in einem Film *(30 Min.)* in einem der Gewölbe der Burg die Ritterzeit erklärt. Etwa eine Stunde brauchen Sie von Reutte aus, um hinauf zum Schloss und wieder hinunterzulaufen. Von oben hat man einen einmaligen ❊ Ausblick auf die Umgebung.

ELBIGENALP

Der kleine Ort (850 Ew.) im Lechtal ist Geburtsort der „Geierwally" und Zentrum der Tiroler Schnitzkunst. Die bekannte Schnitzschule bietet Sommerkurse und verkauft Schnitzereien junger Schüler preisgünstig. Hausnr. 57 | Tel. 05634/62 26 | *www.schnitzschule.at*

GRÜNES HAUS

Das Heimatmuseum im Zentrum von Reutte zeigt Exponate, die die handwerkliche, künstlerische und wirtschaftliche Entwicklung des Außerfern dokumentieren. Sehenswert sind vor allem die Werke der berühmten Künstlerin aus der Region – der „Geierwally" Anna Stainer-Knittel. *Mai–Okt. Di–So 10–16 Uhr | Untermarkt 25 | www.museum-reutte.at*

HOLZGAU

Die Häuserfassaden in Holzgau (500 Ew.) wurden vor Jahrhunderten mit religiösen Motiven kunstvoll bemalt – der Stil ist heute als Lüftlmalerei bekannt. Doch nur noch wenige originale Häuser sind erhalten, etwa das große rosarote am Dorfplatz. Die moderneren Fassaden in diesem Stil sind nicht original. Im Haus Nr. 35 ist heute das *Heimatmuseum* unterge-

REUTTE & DAS LECHTAL

bracht, das das karge, bäuerliche Leben beleuchtet. *Juni–Okt. Mo/Mi 11–12 Uhr und auf Anfrage | Tel. 05633/53 56 | Eintritt frei*

■ ESSEN & TRINKEN

ZUM DORFWIRT
Insider Tipp

Ausgezeichnete, gehobene Tiroler Küche in schönen Holzstuben. Mit Garten. *Tgl. | im Alpenhotel Ernberg | Planseestr. 50 | Breitenwang | Tel. 05672/719 12 | www.ernberg.at | €€*

GOLDENES LAMM

Von den Gästen zu einem der beliebtesten Gasthöfe der Region gewählt. Hier verwöhnt man Sie mit regionalen Köstlichkeiten wie Lechtaler Käsespätzle oder Gamskeulenbraten. Alles Bio. *Mi geschl. | Oberbach 14 | Weißenbach am Lech | Tel. 05678/52 16 | www.goldenes-lamm.at | €€*

■ EINKAUFEN

MEI GWAND VOM POSTHOF

Stilvolle Trachten, Dirndl, Schafmilchprodukte und anderes aus eigenem Anbau. Im Zentrum von Reutte. *Untermarkt 15 | Tel. 0676/342 32 58*

>LOW BUDGET

> Wenn Sie im Lechtal wandern wollen, nimmt Sie ein *Gratis-Wanderbus* im Halbstundentakt durch das Tal und die Seitentäler mit. *Infos auf www.lechtal.at*

> Das Lechtal ist am schönsten mit dem Fahrrad zu erkunden. Intersport in Reutte hat für Bikes einen verbilligten *Wochenendtarif: Fr-Abend bis Mo-Morgen 25 Euro | Lindenstr. 25 | Tel. 05672/623 52*

■ ÜBERNACHTEN

HOTEL MOHREN

Das Gebäude ist über 400 Jahre alt und steht unter Denkmalschutz. Moderne Zimmer mit Blick auf die Berglandschaft. Der Wellnessbereich mit großem Schwimmbad ist nagelneu. *54 Zi. | Reutte | Untermarkt 26 | Tel. 05672/623 45 | www.hotel-mohren.at | €€*

OBERLECHTALER HOF

Mitten in Holzgau, zu erkennen an der prachtvoll bemalten Fassade. Die Zimmer sind sehr geräumig. Besonders schön sind die handgeschnitzten Verzierungen an Decken und Wandvertäfelungen. *16 Zi. | Holzgau 40 | Tel. 05633/56 88 | www.oberlechtalerhof.com | €€*

■ AM ABEND

GEIERWALLY FREILICHTBÜHNE
Insider Tipp

Für alle, die sich für lokale Geschichten wie die „Geierwally" oder die „Schwabenkinder" in Theaterform interessieren, wird im Sommer gespielt. *Fr/Sa Kartenvorverkauf | Tourismusverband Lechtal | Tel. 05634/53 15 12 | ab 15 Euro | www.geierwally.lechtal.at*

AUSSERFERN

Doppelte Schönheit: An ruhigen Tagen wirkt der Plansee wie ein Spiegel fürs Traumpanorama

CAFÉ STEH ▶▶
Gemütliche Bar mit gemischtem Publikum im Zentrum von Reutte. *Di–Sa 10–2, So 14–2 Uhr | Untermarkt 33 | Tel. 05672/711 33*

FREIZEIT & SPORT
PLANSEE ⭐
Die Wassertemperatur des größten Sees im Außerfern steigt selten über 20 Grad. Zwei Elektroboote kreuzen den ganzen Tag auf dem Plansee und fahren durch einen Kanal auch zum *Heiterwanger See (Rundfahrt 10 Euro)*. Die schroffen Berge erinnern an einen norwegischen Fjord. Zur Einkehr lädt die *Musteralm* hinter dem Campingplatz mit traditionellen Hütten-Schmankerln ein. *Breitenwang | Tel. 05672/781 18 | www.musteralm.at*

AUSKUNFT
LECHTAL TOURISMUS
Elbigenalp 55b | Tel. 05634/53 15 | www.lechtal.at

TOURISMUSVERBAND FERIENREGION REUTTE
Untermarkt 34 | Tel. 05672/623 36 | www.reutte.com

ZIEL IN DER UMGEBUNG
TANNHEIMER TAL   [115 D2–3]
Eines der schönsten Hochtäler der Alpen, ein Paradies zum Wandern. Der schönste See dort ist der *Vilsalpsee* (1168 m) bei Tannheim. **Insider Tipp** Kein Auto stört Sie, weil die Straße von Tannheim zum See gesperrt ist *(10–17 Uhr)*. Das Wasser im 1,8 km langen See ist glasklar. Ein kleines Boot zum Rudern vermietet das Lokal *Fischerstube (8 Euro)*.

Sehr gut speisen Sie am Vilsalpsee – im gleichnamigen, urigen *Restaurant* gibt es hauptsächlich frischen Fisch, Spezialität ist die heiß geräucherte Forelle. *Ab 10 Uhr | Bogen 10 | Tel. 05675/65 84 | €€*

Wer es extravagant mag, ist im Hotel *Liebes Rot Flüh* gut aufgehoben. Der rosarote Bau erinnert an ein Schloss des Bayernkönigs Ludwig. Komfortable Zimmer, riesiger Wellnessbereich, mehrere Restaurants, darunter eines im Stil eines mittelalterlichen Dorfplatzes *(101 Zi. | Haldensee | Seestr. 26 | Tel. 05675/643 10 | www.rotflueh.com | €€€)*. Der *Haldensee*, beliebt zum Schwimmen, Fischen und Rudern, ist zehn Gehminuten vom Hotel entfernt.

> ÜBER BERG UND TAL

Mit der Straßenbahn ins Hochgebirge – Tirol lässt sich nicht nur mit dem Auto oder zu Fuß leicht erkunden

Die Touren sind auf dem hinteren Umschlag und im Reiseatlas grün markiert

1 BURGENTOUR AM OBEREN GERICHT

Der 60 km lange Weg von Landeck zum Reschenpass, das Obere Gericht, war früher einer der wichtigsten Übergänge über die Alpen nach Italien und deswegen mit zahlreichen Burgen gesichert. Einige dieser Burgen sind einen Besuch wert. Dafür lohnt ein ganzer Tag.

Schauen Sie sich im **Landecker Schloss** *(S. 64)* die sehenswerte Ausstellung über die Tiroler Migration an und machen Sie sich dann selbst auf den Weg: den Inn entlang, Richtung Reschenpass. Besorgen Sie sich aber vorher noch die Burgencard – für 6,50 Euro ist der Eintritt in alle Burgen inbegriffen *(in der Touristeninformation oder bei den Burgen erhältlich | www.burgencard.at)*. Etwa 12 km nach Landeck führt eine eiserne Brücke über den Inn. Die **Pontlatzbrücke**, heute modernisiert, spielte

Bild: Nauders am Reschenpass

AUSFLÜGE & TOUREN

1703 während des Spanischen Erbfolgekriegs und 1809 während der Tiroler Befreiungskriege eine ganz bedeutende Rolle. Die Tiroler Schützen zerrieben hier die feindlichen Truppen, indem sie Baumstämme und Felsbrocken von den steilen Bergen rollten. Die Feinde mussten fliehen, die Tiroler hatten kaum eigene Verluste.

Setzen Sie Ihre Reise auf der Reschenbundesstraße fort. Kurz nach der Ortschaft **Pfunds** liegt das **Hotel Kajetansbrücke**. Hier beginnt die Führung zur **Grenzfeste Altfinstermünz**. Bis zum Bau der neuen Reschenbundesstraße im 19. Jh. führte an dieser in den Hang gebauten Befestigungsanlage aus dem 15. Jh. an der engen Talstelle auf der Nord-Süd-Route kein Weg vorbei. An der Brücke, die früher zur Schweizer Seite hin eine Zugbrücke war, wurde der Zoll eingezogen. Der höher gelegene Wehrturm ist mit der restlichen Anlage über einen 35 m langen Tunnel im Felsen verbunden. Während der einstündigen Führung erfahren Sie mehr über Geschichte und Bedeutung des Oberen Gerichts. *Juni–Sept. Di 10 Uhr od. auf Anfrage | Anmeldung erwünscht | Tel. 0664/395 94 71 | www.altfinstermuenz.com*

Zurück beim Hotel Kajetansbrücke führt der Weg weiter nach **Nauders**. Kurz vor der Ortschaft liegt das **Sperrfort Nauders**. Der imposante, fünfgeschossige Steinquaderbau wurde zwischen 1836 und 1846 von den Habsburgern gegen mögliche Invasionen aus Italien gebaut und ist das einzige Bauwerk dieser Art in Österreich, das innen wie außen unverändert geblieben ist. Ein Teil der über 50 Räume wurde tief in den Fels hineingebaut. Im Inneren des Forts ist ein militärisches Museum mit Waffen, Uniformen und Ausrüstung untergebracht. *So und Mi 15 Uhr | Gruppenführungen nach telefonischer Vereinbarung | Tel. 05473/ 872 42, 874 70 od. 0664/922 44 95 | www.nauders.com*

Die letzte Burg auf der Tour ist **Schloss Naudersberg** (1380 m), etwa 1 km hinter der Ortschaft Nauders. 1239 erstmals erwähnt, diente das Schloss bis ins 20. Jh. als Gerichtssitz. Im 15. Jh. wurde es von den Engadinern geplündert, später wieder aufgebaut und erhielt so sein heutiges, prunkvolles Aussehen. Besonders schön ist die prächtige Vertäfelung im alten Gerichtssaal. Im Turm liegen die ehemaligen Gefängniszellen, im 2. Stock befindet sich ein Museum mit Exponaten lokaler Künstler. Sehenswert sind vor allem die Kruzifixe von Barthlmä Kleinhans, der als Kind erblindete und trotzdem noch über 300 Kreuze schnitzte. *So 10 u. Mi 17 Uhr | Gruppenführungen nach telefonischer Vereinbarung | Tel. 05473/872 42 od. 874 70 od. 0664/922 44 95 | www.nauders.com*

Fahren Sie nach der Besichtigung noch 20 km weiter, über den **Reschenpass** (1455 m) in den **Vinschgau** nach Südtirol (Italien). Etwa 3 km hinter dem Pass liegt eines der schönsten Fotomotive der Welt: der **Reschensee**. 1950 wurde er auf dem Gebiet der ehemaligen Ortschaft Graun aufgestaut. Der Kirchturm ist das einzige Bauwerk, das damals nicht abgerissen wurde. Seither ragt die Spitze wie eine Nadel aus der Mitte des 6 km langen Sees.

2 MIT DER STRASSENBAHN INS HOCHGEBIRGE

Einer der schönsten Rundwanderwege ist der 7 km lange Zirbenweg vom Patscherkofel zum Glungezer, hoch über Innsbruck. Mit festem Schuhwerk ist er leicht zu bewältigen. Die netteste Möglichkeit, von Innsbruck dorthin zu gelangen, ist die Straßenbahnlinie Nr. 6. Etwa fünf bis sechs Stunden sollten Sie für die Tour veranschlagen.

Los fährt die Straßenbahnlinie 6 unterhalb des **Bergisel** *(S. 32)*, neben dem **Stift Wilten** *(S. 36)*. Sie rumpelt romantisch durch den Wald, vorbei an **Schloss Ambras** *(S. 35)* bis nach **Igls** *(S. 40)*. Ein paar Minuten von der Endstation in Igls aufwärts liegt die **Patscherkofelbahn**. Der **Patscherkofel** ist der Hausberg von Innsbruck, die Abfahrtsstrecke der Olympischen Spiele 1964 und 1976. Die Gondelbahn

> *www.marcopolo.de/tirol*

AUSFLÜGE & TOUREN

bringt Sie hinauf auf 2000 m zur Bergstation. Von hier haben Sie die Möglichkeit, den ☼ Gipfel des Patscherkofel (2246 m) zu besteigen (etwa 20 Min.) und den gewaltigen Rundumblick zu genießen oder weiter Richtung Osten zum Zirbenweg zu spazieren. Der Zirbenweg führt durch einen der ältesten geschlossenen Zirbenkieferbestände des Alpenraums. Das schönste an diesem Weg ist der Ausblick: Gipfel reiht sich an Gipfel in den Stubaier Alpen und dem Karwendel, Innsbruck und das halbe Inntal liegen Ihnen zu Füßen. In zwei bis drei Stunden wandern Sie unter der Viggarspitze und Neunerspitze bis zur ☼ Tulfein-Alm (€). Hier auf 2035 m können Sie noch einmal den Ausblick genießen, bevor Sie mit der Glungezerbahn hinunter nach Tulfes kommen. Ein Bus bringt Sie wieder zurück nach Igls, wo die Straßenbahn wartet. *(Das Kombiticket für den Bus und die beiden Gondelfahrten kostet 19,50 Euro.)*

3 DAS GLÄSERNE TIROL

Ein Ausflug durch die Glasbläserstätten gibt einen Einblick in eine Kunst, die in Tirol eine lange Tradition hat. Für die 60 km lange Tour und die Besichtigungen sollten Sie sich einen ganzen Tag Zeit nehmen.

Die Tour beginnt in Kufstein bei der Firma Riedel (S. 51). Riedel-Gläser haben sich dem Wein angepasst und so neue Trends gesetzt. In der Ausstellung „Sinnfonie" in der Fabrik erfahren Sie, wie die Ausnahmegläser von Mund geblasen werden. *Mo–Fr 9–12 u. 13–16 Uhr |* *Weissachstr. 28–34 | Tel. 05372/ 648 96 | www.riedel.com*

Der Weg führt weiter über die Inntalautobahn bis nach Rattenberg *(S. 57)* ins Herz der Glasbläserei. In der Fußgängerzone der mittelalterlichen Altstadt können Sie Glasbläsern in ihren kleinen Werkstätten bei der Arbeit zuschauen und Souvenirs erwerben.

Die letzte Station ist der „Grüne Riese" der Firma Swarovski. Die wasserspeiende Riesenskulptur ist Markenzeichen der Kristallwelten *(S. 45)* in Wattens, in denen der weltberühmte Familienbetrieb seine kunstvollen Kristallprodukte zeigt. *Tgl. 9–18.30 Uhr | Kristallweltenstr. 1 | Tel. 05224/510 80 | 9,50 Euro | http://kristallwelten.swarovski.com*

EIN TAG IN TIROL
Action pur und einmalige Erlebnisse.
Gehen Sie auf Tour mit unserem Szene-Scout

MORGENSTUND... 7:30
...hat Gold im Mund. Im *Café Traudl* gibt es alles, was das Morgenmuffelherz begehrt. Vom Müsli über frisches Obst bis zur selbst gemachten Marmelade. Der perfekte Start in einen aufregenden Tag. **WO?** *Dornaustr. 612, Mayrhofen | Tel. 05285/625 69 | ab 6 Uhr*

9:00 HÖHENFLUG VOM PERLER

Es geht aufwärts: Paragliding steht auf dem Programm. Nur ein paar Schritte, dann hebt man ab. Im Tandem mit dem Profi erleben Actionfans die Faszination Fliegen samt herrlicher Aussicht auf die Zillertaler Bergwelt. **WO?** *Zillertaler Flugschule, Startplatz Perler, Zillertaler Höhenstraße | Tel. 05285/649 06 | 69 Euro | www.zillertaler-flugschule.com*

ZILLERTAL HAUTNAH 10:30
Welches Geheimnis verbirgt sich im Tauernfenster? Wer war der erste Tourist im Zillertal? Allerlei Verblüffendes und Wissenswertes über die Region erfährt man in der interaktiven Ausstellung des *Naturparkhauses Zillertaler Alpen*. Hier ist Anfassen ausdrücklich erwünscht! **WO?** *Naturparkhaus Zillertaler Alpen, Ginzling 239 | Tel. 05286/521 81 | Kosten: 4 Euro | geöffnet Mo-Fr 9-18 Uhr, Juni-Sept. auch Sa und So 10-16 Uhr*

12:00 EISIGES ABENTEUER

Das Abenteuer beginnt an der gefrorenen Wand in 3250 m Höhe: Ausgerüstet mit Helm, Gurt und Sicherungsschlingen, geht es entlang des Pfades durch die mystische Gletscherwelt mit ihren funkelnden Eiskristallen. Der Höhepunkt ist der Eispalast rund 25 m unterhalb der präparierten Skipisten des Hintertuxer Gletschers. **WO?** *Natureispalast am Hintertuxer Gletscher | Führung durch den Gletscher, Anmeldung unter info@hintertuxergletscher.at oder Tel. 05287/85 10 | 8 Euro*

24 h

MIT LAMAS DURCHS GEBIRGE **15:00**

Verrückt? Ganz und gar nicht! Lamas sind die perfekten Begleiter im Gebirge. Mit dem Guide geht's zum Schnuppertrekking über Stock und Stein: Trittsicher finden die gutmütigen Tiere den Weg am Waldrand entlang zu den höchstgelegenen Bergbauernhöfen am Wattenberg. **WO?** *Tyrollama, Wattenberg* | Tel. 0676/933 34 91 | 30 Euro/Std. | www.tyroltrekking.at

18:30 ### EARLY DINNER

Wem der Magen knurrt, düst schnell weiter ins nahe Innsbruck. In der superstylishen *Sensei Sushi Bar* das hervorragende Sushi probieren und dabei die preisgekrönte Architektur bewundern. **WO?** *Maria-Theresien-Str. 11, Innsbruck* | Tel. 0512/56 27 30 | www.senseisushibar.at

KULTURMIX **20:00**

Das Kulturgasthaus *Bierstindl* ist der Hotspot für lebendige Kleinkunst und Volkskultur. Für einen unterhaltsamen Abend sorgt das vielfältige Programm von Kabarett über Musik bis Theater. **WO?** *Klostergasse 6, Innsbruck* | Mo geschl. | Tel. 0512/58 67 86 | www.bierstindl.at

23:00 ### ABTANZEN

It's Partytime! Der *Weekender Club* zählt zu den besten zehn Nightlife-Locations Österreichs. Kein Wunder, schließlich sorgen Top-DJs für den richtigen Sound auf der Tanzfläche. **WO?** *Tschamlerstr. 3, Innsbruck* | Tel. 0512/57 05 70 | www.weekenderclub.net

> VON GANZ WILD BIS GANZ ZAHM

Die Berge in Tirol bieten unzählige Möglichkeiten, sich sportlich zu betätigen

> Tirol ist ein Paradies für Sportler. Zum Skifahren, Snowboarden oder Rodeln wird man in ganz Österreich keine besseren Möglichkeiten finden. Aber auch im Sommer ist Tirol top.

Mountainbiken, Klettern, Wandern – für Adrenalinjunkies und Erholungssuchende ist ein breites Angebot vorhanden. Tirol tut alles, um das Sportangebot laufend zu verbessern und die Anlagen und Wege auf dem neuesten Stand zu halten.

Bild: Gletscherwanderer im Wildspitzmassiv

■ BIKEN & RADFAHREN

Mehr als 1000 km quer durch Tirol, in zahlreichen Etappen mit unterschiedlichen Schwierigkeitsgraden, warten auf Mountainbiker auf dem *Bike Trail Tirol (www.biketrail.tirol.at)*. Die einzige offizielle Downhillstrecke befindet sich in Lermoos.

Der *Inntalradweg* zieht sich am Inn entlang flach durch das ganze Land. Allerdings führt er über weite Strecken neben der Autobahn entlang

SPORT & AKTIVITÄTEN

und ist nicht immer besonders schön. Über 40 km lang ist ein Radweg durch das Zillertal. Er beginnt am Inntalradweg in Rotholz und führt dann über Strass, Aschach, Zell am Ziller, Hippach bis nach Mayrhofen.

GOLF

Insgesamt 15 Golfanlagen bietet Tirol, vier davon allein rund um Kitzbühel. Einer der schönsten Plätze ist der Golfclub Wilder Kaiser (Ellmau | Dorf 2 | Tel. 05358/42 82 | www.wilder-kaiser.com).

Zu empfehlen ist auch der neue Golfplatz *Mieminger Plateau (Mieming | Obermieming 141e | Tel. 05264/53 36 | www.golfmieming.at)*.

KLETTERN

Tirol ist ideal für Kletterfreaks. Die besten *Klettergärten* finden sich in Innsbruck auf dem Weg zur Hungerburg oder in Zirl. Sehr gute Infos und

Ganz schön steil geht's zu am Klettersteig

die letzten News gibt es auf www.climbers-paradise.com.

Kletterschulen bieten je nach Können Kurse und Touren an. *Adventure Center Element 3 | Winklernfeld 1 | Kitzbühel | Tel. 0664/100 05 80 | www.element3.at; Bergsteigerschule Stubai | Bahnstr. 7 | Fulpmes | Tel. 05225/634 90 | www.bergsteigen-stubaital.at*

Mit mehr als 80 begehbaren Routen und einer großen Boulder-Anlage wartet auf Sie in Imst eine der größten ▶▶ *Kletterhallen* Tirols *(Sept.–April tgl. 14–22 Uhr | Am Raun 25 | Tel. 05412/62 65 22 | 7 Euro | www.sportzentrum.at/kletterhalle.htm).* Eine der modernsten ▶▶ *Indoorkletteranlagen* Österreichs steht in Innsbruck. *Sept.–April tgl. 10–20, Mai–Juni tgl. 14–22, Juli–Aug. tgl. 17–22 Uhr (bei Regenwetter 14–22 Uhr) | Kletterzentrum Tivoli | Stadionstr. 1 | Tel. 0512/39 73 40 | je nach Zeit 6,30–12,50 Euro | www.kletterzentrum-tivoli.at*

Bei einem *Klettersteig* sind im Fels künstliche Tritte und Griffe vorgegeben. Entlang des Steigs führt ein Stahlseil, in das man sich mit Karabinern einhängt (Klettersteigset erforderlich). Das ist wirklich nur etwas für Schwindelfreie. Der ☆ *Innsbrucker Panorama Klettersteig* führt etwa fünf Stunden über sieben Gipfel und bietet einen herrlichen Ausblick auf die Stadt. Ein weiterer, nicht allzu schwieriger und <mark>sehr romantischer Klettersteig</mark> führt entlang des Stuibenfalls im Ötztal. Den krönenden Abschluss Ihrer Tour bildet eine Seilbrücke, über die Sie den Wasserfall queren. *Infos zu den Tiroler Klettersteigen: www.tirol.at*

■ NORDIC WALKING

Das größte Angebot für den sanften Sport finden Sie in der Silberregion Karwendel rund um Schwaz. Hier erlaufen Sie sich auf 43 Strecken über 400 km Tirol, von der Speedstrecke bis zur gemütlichen Familienwanderung. In Söll wurde ein *Nordic-Walking-Kompetenzzentrum* eingerichtet *(Infos unter Tel. 05333/52 16 | www.soell.at).*

■ PARAGLIDING

Auf dem Mieminger Plateau oder bei Kössen sind die schönsten Fluggebiete in Tirol zu finden. Eine Ausbildung ist vorgeschrieben. *Osttirol: Blue Sky Flugschule | Sillian 83 |*

> *www.marcopolo.de/tirol*

SPORT & AKTIVITÄTEN

Hochpustertal | Tel. 04842/200 10 | www.bluesky.at; Unterland: Flugschule Westendorf | Westendorf | Tel. 05334/68 68 | www.para.at; Oberland: Tirol Alpin Leutasch | Tel. 05214/51 52 | www.tirolalpin.at; Stubaital: Flugschule Parafly Neustift | Tel. 05226/33 44 | www.parafly.at

■ RAFTING

Das Boot einfach in den Fluss zu werfen und loszupaddeln ist in Tirol verboten: Sie brauchen einen professionellen Anbieter. Die Bandbreite reicht von einer ruhigen Fahrt auf dem Inn bis zu einem heißen Wellenritt über einen Gebirgsfluss. Alle Schwierigkeitsgrade bieten *Bruno Pezzey Outdoor (Simmeringstr. 10 | Silz | Tel. 05263/55 83 | www.flossfahrt.at)* oder *Mountain High (Dorfstr. 17 | Kirchdorf | Tel. 05352/621 01 | www.mountain-high.at)*. Zahlreiche andere Anbieter finden Sie unter *www.aktiv-tirol.com/rafting.htm*.

■ RODELN

250 ausgebaute Rodelstrecken stehen den Schlittenfans im Winter zur Verfügung. Beliebt sind vor allem nächtliche Rodelpartien wie etwa im *Kühtai*: In einer halben Stunde spaziert man auf die Graf-Ferdinand-Hütte oder lässt sich mit dem Rodel-Shuttle bei der Talstation Drei-Seen-Lift abholen. Sommerrodelbahnen gibt es in Imst, im Stubaital oder in Leutasch *(s. Mit Kindern reisen, S. 104/105)*.

■ SKIFAHREN & SNOWBOARDEN

Die hippsten Skigebiete mit großem Après-Ski-Angebot sind Arlberg, Ischgl, Serfaus und Hochfügen im Zillertal. Im Skigebiet Penken befindet sich die steilste präparierte Piste Österreichs, mit dem vielsagenden Namen „Harakiri". Ein ruhigeres Familienskigebiet mit Schneegarantie ist die Rosshütte in Seefeld.

Das Kühtai hat einen der besten Snowboardparks in ganz Tirol, mit hohen Schanzen, Sprüngen, Slidebars. Auch der ▶▶ Nordpark auf der Seegrube hat einen tollen Park. Die Seegrube ist bei Snowboardern, vor allem wenn es frisch geschneit hat, sehr beliebt, weil es dort einige tolle Powder-Strecken gibt. Einfacher und für Einsteiger geeignet ist der Park in der Axamer Lizum. Auch in Ischgl wurde ein riesiger Park gebaut.

Insider Tipp

■ WANDERN

Tirol ist ein Dorado für Wanderer. 15 000 km Wanderwege für alle Ansprüche und jede Kondition führen durch sanftes Mittelgebirge wie durch alpine Regionen. Eine sehr beliebte Wanderung, die über zwei bis drei Tage geht, ist der 40 km lange *Karwendelmarsch* von Scharnitz zum Achensee. Auf 126 Etappen verläuft der *Tiroler Adlerweg,* 280 km von St. Johann bis St. Anton.

Alle Wanderwege sind ausgeschildert und mit Zeitangaben versehen. Vom Nobelrestaurant bis zur Schutzhütte spannt sich ein dichtes Netz alpiner Hütten durch die Tiroler Bergwelt. Dort können Sie einkehren oder bei schlechtem Wetter Schutz suchen. Wichtig ist allerdings, vor Beginn der Wanderunge genau zu informieren, damit Sie nicht vor verschlossenen Türen stehen. Infos unter *www.tirol.at*

> WILLKOMMEN IM ABENTEUER-LAND

Für die Kleinsten sind die Berge und Flüsse, die Tier- und Pflanzenwelt Tirols ein wahres Erlebnisparadies

> Kraxeln, Spielen, Entdecken – der Tiroler Tourismus hat sich schon vor einigen Jahren auf die Kinder seiner Gäste eingestellt.

Spezielle Kinderhotels bieten Betreuung und Animation für den Nachwuchs und geben Eltern die Möglichkeit, ihren Urlaub noch intensiver zu genießen *(www.family.tirol.at)*. Ein großes, modernes Kinderhotel mit Abenteuerspielplatz auf dem Dach, Riesenrutschbahn und Piratenschiff ist das *Hotel Alpenrose* in Lermoos im Außerfern *(90 Zi. | Danielstr. 3 | Tel. 05673/24 24 | www.hotelalpenrose.at | €€€)*. Dagegen wird im *Replerhof* in Prägraten in Osttirol ganz auf Natur gesetzt. Im angeschlossenen Bauernhof können die Kinder Ursprünglichkeit entdecken. *(14 Zi. | St. Andrä 73 | Tel. 04877/ 63 45 | www.replerhof.at | €€€)*.

Aber nicht nur Hotels, ganze Ortschaften bezeichnen sich mittler-

> www.marcopolo.de/tirol

MIT KINDERN REISEN

weile als Familiendörfer, wo die Kinderbetreuung jedes Jahr unter einem anderen, lustigen Motto steht *(www.family.tirol.at)*.

INNSBRUCK

ALPENZOO INNSBRUCK [U C1]

Bären, Luchse, Elche – mehr als 2000 Tiere und 150 verschiedene Arten, die in den Alpen früher heimisch waren oder heute noch dort leben, sind in dem höchstgelegenen Zoo Europas (750 m) zu Hause. Auf dem Schaubauernhof sind vor allem die vom Aussterben bedrohten Nutztierrassen interessant. Fahren Sie mit „Sightseer" oder Hungerburgbahn, es gibt sehr wenige Parkmöglichkeiten. *April–Okt. tgl. 9–18, Nov.–März 9–17 Uhr | Weiherburggasse 37 | Erw. 8, Kinder 4 Euro, Kombiangebot: Parken in der Garage des Congress, Hungerburgbahn und Zooeintritt 10 Euro | www.alpenzoo.at*

ERLEBNISBERG MUTTERERALM [117 E6]
Kinder tollen hier im Mega-Baumhaus oder auf dem Abenteuerspielplatz herum, plantschen in kleinen Seen oder drehen am Mühlrad. Einen Streichelzoo gibt es auch. Hinauf kommen Sie mit der neuen Gondel (Berg- und Talfahrt 9,50 Euro). *Tgl. 9–17 Uhr bei gutem Wetter | Mutters | www.muttereralm.info*

SOMMERRODELBAHN STUBAI [125 E1]
Über 40 Steilkurven geht es 2,8 km in die Tiefe. Der Einstieg liegt direkt neben der Bergstation Koppeneck der Serlesbahnen in Mieders. *Mitte Mai–Okt. Mo–Fr 9–17, Sa/So 9–18 Uhr | eine Fahrt (inkl. Gondel) 10,50 Euro | www.serlesbahnen.at*

Von der Bergstation können Sie mit dem *Stubaier Alpenexpress*, einem Traktor mit Hänger, in einer halben Stunde zum Kloster Maria Waldrast kutschieren *(3,50 Euro/Fahrt)*.

OBERLAND

ALPINE COASTER IMST [115 F6]
Auf der längsten Alpenrodelbahn in 12 Minuten 3,5 km ins Tal sausen – teilweise 6 m über dem Boden! *Juni–Sept. tgl., Mai/Okt. Do–So 9–17 Uhr | Hochimst | Lift und Rodelbahn 9,90 Euro | www.alpine-coaster.at*

Insider Tipp ERLEBNISWELT SERFAUS [123 D–E3]
Bei den Wasserrädern und -rinnen, Erdrutschhügeln, der Hängebrücke und den Abenteuerspielplätzen nahe der Mittelstation Komperdell können sich die Kleinen austoben, Staudämme bauen und Schlammschlachten veranstalten. Hobbydetektive machen eine Abenteuerwanderung rund um den Alpkopf und entdecken das Geheimnis eines abgestürzten Flugzeugs. *Juni–Okt. tgl. 8.30–17 Uhr | Tel. 05476/62 39 | Gondel (Berg- und Talfahrt) Erw. 11,90, Kinder gratis | www.serfaus-fiss-ladis.at*

LOCHPUTZKLAMM [123 E1]
Einstündige Wanderung durch die enge Klamm in Zams bis zum 30 m hohen Wasserfall, einer 40 m hohen Fontäne und einem 80 m langen Tunnel durch den Fels. *Mai–Sept. tgl. 9.30–17.30, Okt. tgl. 9.30–16.30 Uhr, im Juli/Aug. zusätzlich Mi 20–22 Uhr | Erw. 3,50, Kinder 2,50 Euro | www.zammer-lochputz.at*

SPIELPARK LEUTASCH [116 C5]
Manche Attraktion ist schon leicht abgenützt – die Hüpfburgen etwa. Eine Fahrt mit dem „RolbaRun", der Sommerrodelbahn, ist trotzdem eine lustige Abwechslung. *Von Seefeld aus Richtung Leutasch, bei der Ortschaft Buchen | www.marcati.at*

UNTERLAND

ALPINOLINO [119 F4]
Spielen, forschen und entdecken können Kinder auf dem 1,5 km langen Weg rund um die Choralpe in Westendorf: die Sinne erproben, sich im Weitsprung oder Wettlauf messen oder Murmeltiere beobachten. *Tgl. 8.30–17 Uhr | Bergbahnen Westendorf | Tel. 05334/20 00 Gondel (Berg- und Talfahrt) Erw. 14, Kinder 7 Euro | www.alpinolino.at*

HEXENWASSER SÖLL [119 E3]
Von der Quelle bis zur Mündung erfahren Kinder (und Erwachsene), wie Wasser quillt, sprudelt und Wellen schlägt. Im Hexenwald und am He-

> *www.marcopolo.de/tirol*

MIT KINDERN REISEN

Im Stubaital können auch die Kleinsten auf leichte Wandertouren gehen

xenbach können sich die Kleinen selbst in Hexen verwandeln und auf einem Besen reiten. Zum Rundparcours *(1,5 Std.)* auf dem Hochsöll kommen Sie mit der Gondel hinauf *(10,50 Euro). Mitte Mai–Mitte Okt. tgl. 9–17 Uhr | Erw. 11, Kinder 5,50 Euro | www.hexenwasser.at*

■ OSTTIROL

WICHTELPARK SILLIAN [128 B5]
Rutschen, Schaukeln, Minigolfplatz und viele Möglichkeiten, im Wasser zu plantschen – das alles finden Sie in dem Erlebnispark am Ortsrand von Sillian. *Tgl. 8–20 Uhr | Eintritt frei | www.wichtel.at*

WILDPARK ASSLING [129 D5]
Hoch droben in Assling sehen Sie Dutzende Tierarten, die in den Alpen leben oder gelebt haben. Viele Tiere laufen frei herum. Am lustigsten sind die Murmeltiere gleich zu Beginn des Rundgangs. Die putzigen Nager, in freier Wildbahn sehr scheu, stecken hier keck ihre Köpfe aus dem Gehege und betteln um Futter *(April–Okt. tgl. 9–19 Uhr | 6,20 Euro)*. Mitten durch den Wildpark sausen Sie auf einer Sommerrodelbahn vorbei an grasenden Rehen. *Juni–Sept. tgl. 10–17 Uhr, April/Mai/Okt. nur am Wochenende | Fahrt 4,50 Euro | Unterassling 39 | Tel. 04855/204 74 | www.wildpark-assling.at*

■ AUSSERFERN

9ER ERLEBNISWEG TANNHEIM [115 D3]
Mit der Gondelbahn in Tannheim geht es hinauf zur Bergstation Neunerköpfle. Schautafeln entlang eines 1 km langen Wegs auf den Gipfel erklären die Berge und ihre Tierwelt. Kinder probieren sich aus, indem sie etwa mit Kuhglocken Musik machen. *Tel. 05675/6260 | Gondel (Berg- und Talfahrt) Erw. 13,50, Kinder 5,50 Euro | www.tannheimertal.com*

SOMMERRODELBAHN [116 A4]
Großen Spaß verspricht die Abfahrt über die 1300 m lange Bahn in Biberwier. *Tgl. 9–16.30 Uhr | Juch 3 | Fahrt 6,50 Euro | www.bergbahnen-langes.at*

> VON ANREISE BIS ZOLL

Urlaub von Anfang bis Ende: die wichtigsten Adressen und Informationen für Ihre Tirolreise

ANREISE

AUTO
Nach Tirol kommt man von Deutschland aus am schnellsten über die Autobahn von München nach Kufstein (A8 und A93). Weitere Einreisestrecken sind der Achenpass, Mittenwald–Scharnitz oder Füssen–Außerfern. Nach Osttirol kommen Sie über Kufstein, Kitzbühel, Salzburg und durch den Felbertauerntunnel

BAHN
Die direkten Schnellzüge von München nach Innsbruck verkehren alle zwei Stunden, stündliche Verbindungen gibt es (mit Umsteigen) in Kufstein. Die Fahrt dauert etwa zwei Stunden. Von Innsbruck fährt außerdem alle zwei Stunden ein Zug nach Wien. Von Innsbruck nach Lienz führt die Strecke über Kitzbühel und dann mit dem Bus weiter, es gibt aber auch einige Direktzüge am Tag (*www.oebb.at* oder *www.db.de*). Im Winter können Sie außerdem mit dem Schnee-Express von Deutschland nach Tirol fahren: entweder entspannt im Sitz- oder Liegewagen oder im Partywagen mit Musik (*www.schnee-express.com*).

BUS
Zahlreiche Anbieter haben Busreisen nach Tirol im Programm. Buchen können Sie zum Beispiel online unter

> WWW.MARCOPOLO.DE

Ihr Reise- und Freizeitportal im Internet!

> Aktuelle multimediale Informationen, Insider-Tipps und Angebote zu Zielen weltweit ... und für Ihre Stadt zu Hause!

> Interaktive Karten mit eingezeichneten Sehenswürdigkeiten, Hotels, Restaurants etc.

> Inspirierende Bilder, Videos, Reportagen

> Kostenloser 14-täglicher MARCO POLO Podcast: Hören Sie sich in ferne Länder und quirlige Metropolen!

> Gewinnspiele mit attraktiven Preisen

> Bewertungen, Tipps und Beiträge von Reisenden in der lebhaften MARCO POLO Community: *Jetzt mitmachen und kostenlos registrieren!*

> Praktische Services wie Routenplaner, Währungsrechner etc.

Abonnieren Sie den kostenlosen MARCO POLO Newsletter ... wir informieren Sie 14-täglich über Neuigkeiten auf marcopolo.de!

Reinklicken und wegträumen!
www.marcopolo.de

> MARCO POLO speziell für Ihr Handy! Zahlreiche Informationen aus den Reiseführern, Stadtpläne mit 100 000 eingezeichneten Zielen, Routenplaner und vieles mehr.
mobile.marcopolo.de (auf dem Handy)
www.marcopolo.de/mobile (Demo und weitere Infos auf der Website)

PRAKTISCHE HINWEISE

www.buswelt.de. Für Bustouristen gibt es in Tirol mittlerweile ein eigenes Marketingkonzept, das sich ganz speziell dieser Art des Reisens annimmt, mit eigenen Hotels und Programmen. *Informationen unter www.bus.tirol.at*

FLUGZEUG
Der Innsbrucker Flughafen Kranebitten ist der einzige internationale Flughafen in Tirol. Im Sommer fliegt die Lufthansa einmal täglich von Hamburg, die Austrian Airlines einmal täglich von Frankfurt, TUIfly fliegt von Köln/Bonn und Welcome Air von Hannover nach Innsbruck. Im Winter fliegt zusätzlich Transavia von Berlin und Hamburg sowie TUIfly von Niederrhein/Weeze. Zusätzlich fliegen zahlreiche Chartergesellschaften während der Wintersaison. *Flughafen Innsbruck | Fürstenweg 180 | Tel. 0512/22 52 50 | www.innsbruck-airport.com*

Wenn Sie ins Außerfern wollen, können Sie den Allgäu Airport in Memmingen wählen: TUIfly fliegt diesen Flughafen von Hamburg, Berlin und Köln/Bonn an. Für Langstreckenflüge dient den Tirolern der nur zwei Stunden entfernte Flughafen München als Drehscheibe. Von und nach München wird ein eigenes *Airport-Taxi* eingesetzt *(Four Seasons Travel Reisen | Andreas-Hofer-Str. 9 | Innsbruck | Tel. 0512/58 41 57 | www.tirol-taxi.at)*.

AUSKUNFT
TIROL INFO
Maria-Theresien-Str. 55 | 6010 Innsbruck | Tel. 0512/727 20 | Fax 727 27 | www.tirol.at

Hier erhalten Sie nicht nur alle Informationen, im Shop können Sie außerdem Rucksäcke, Mützen, T-Shirts und sonstige Souvenirs mit dem berühmten roten Tirol-Logo kaufen.

Informationen erhalten Sie auch über *Österreich-Werbung*.

ÖSTERREICH-WERBUNG
1043 Wien | Postfach 83 | www.austria.info; Deutschland: Tel. zum Ortstarif 01802/10 18 18 | Fax 10 18 19; Schweiz: Tel. 0842/10 18 18 | Fax 10 18 19; Österreich: 0810/10 18 18

OSTTIROL-WERBUNG
Albin-Egger-Str. 17 | 9900 Lienz | Tel. 050/21 22 12 | Fax 212 21 22 | www.osttirol.com

AUTO
Die Benutzung der Autobahnen ist kostenpflichtig, die benötigte Vignette erhalten Sie an den Grenzübergängen. Sie muss vor der Auffahrt auf die Autobahn auf die Windschutzscheibe geklebt werden, nicht auf die Seitenscheibe – dann ist sie ungültig. Die Auto-Vignette kostet 7,70 Euro (Motorrad 4,40 Euro) für zehn Tage, 22,20 Euro (Motorrad 11,10 Euro) für zwei Monate, 73,80 Euro (Motor-

rad 29,50 Euro) für ein Jahr. Wenn Sie über die Brennerautobahn weiter nach Italien fahren wollen, kostet das 8 Euro pro Fahrt extra.

Geschwindigkeitsbeschränkungen: Autobahnen 130 km/h, Landstraßen 100 km/h, Ortsgebiet 50 km/h. Wenn Sie auf Landstraßen oder Autobahnen aussteigen, müssen Sie eine gelbe Warnweste tragen. Telefonieren am Steuer ist nur mit Freisprecheinrichtung erlaubt. Von 1. November bis 15. April gilt in ganz Österreich Winterreifenpflicht bei winterlichen Fahrverhältnissen. Das Abblendlicht muss tagsüber eingeschaltet bleiben.

In den Städten sollten Sie außerdem nicht vergessen, ein Parkticket im Automaten zu lösen. Damit können Sie zwischen einer halben Stunde und drei Stunden parken. Ansonsten wird ein Bußgeld von etwa 20 Euro fällig, das auch in Deutschland noch kassiert werden kann. Blaue Bodenmarkierungen weisen Kurzparkzonen aus.

Juni bis Oktober: Blütezeit für viele Alpenblumen

Pannenhilfe: *ÖAMTC | Tel. 120; ARBÖ | Tel. 123; Euronotruf 112*

■ BEHINDERTE

Mittlerweile gibt es eigene Wanderrouten, Unterkünfte von Hotel bis zum Bauernhof, Sportgeräte, Ausflüge und sogar Fallschirmsprünge oder Paragleiten für Rollstuhlfahrer. Alle Informationen auf *www.ohnehandicap.tirol.at* wurden von Rollstuhlfahrern getestet.

■ DIPLOMATISCHE VERTRETUNGEN

DEUTSCHE BOTSCHAFT
Metternichgasse 3 | 1030 Wien | Tel. 01/71 15 40 | www.wien.diplo.de

DEUTSCHES HONORARKONSULAT
Maria-Theresien-Str. 23 | 6020 Innsbruck | Tel. 0512/570 19 90

SCHWEIZER BOTSCHAFT
Prinz-Eugen-Str. 7 | 1030 Wien | Tel. 01/795 05 | www.eda.admin.ch/wien

■ GELD

Generell werden in Tirol alle gängigen Kreditkarten und deutsche oder Schweizer ec-Karten akzeptiert. Bei Verlust oder Diebstahl können Sie Ihre Kreditkarte unter *Tel. 0800/ 21 82 35* sperren lassen.

■ GESUNDHEIT

In Tirol wird mittlerweile überall die Europäische Krankenversicherungskarte (EKVK), die in Österreich ecard heißt, akzeptiert. Sie gilt aber in den meisten Fällen nur für akute Krankheitsfälle und Verletzungen. Fragen Sie bei Ihrer Krankenkasse nach, welche Behandlung gedeckt

PRAKTISCHE HINWEISE

ist. Ein Arzt kann verlangen, dass Sie die Behandlung bar bezahlen.

INTERNET

Die Seite *www.tirol.gv.at* ist der Internetauftritt der Tiroler Landesregierung. Statistische Daten zu Tirol finden sich unter *http://tirolatlas.uibk.ac.at*, auf *www.lesen.tsn.at* ist eine Liste Tiroler Zeitungen hinterlegt. Die umfassendste Tourismusseite des Landes ist *www.tirol.at*, mit Aktivitäten, aktuellen Pauschalangebote, Infos zum Wandern, Mountainbiken etc. Eine Linksammlung und Infos zu Tiroler Ferienorten bietet *www.tourismus-tirol.com*. Tickets und Fahrpläne unter *www.vvt.at*, Infos zu sportlichen Events: *www.sport.tirol.at*.

(Winter-)Sportler informieren sich u. a. auf *www.berge-tirol.at* (mit Hüttenverzeichnis), *www.bergfex.at/tirol/wetter* (Wetter), *www.bergfuehrer.at* (Homepage der Tiroler Bergführer mit vielen Serviceangeboten) *www.tirolergletscher.com* (Portal der fünf Gletscher Tirols), *www.jakobsweg-tirol.net* (Tiroler Jakobsweg), *www.bergrettung-tirol.com*, *www.lawine.at/tirol* (Lawinenlagebericht), *ww.bergfex.at/tirol*, *www.ski-tirol.eu* (Tiroler Skigebiete). *www.tiscover.com* und *www.alpinstar.net* informieren ebenfalls über das touristische Angebot in Tirol.

INTERNETCAFÉS & WLAN

Generell haben die meisten Hotels in Tirol mittlerweile WLAN; bei älteren Bauten kann es passieren, dass die Wände zu dick sind und deswegen Internet nur über Kabel in den Zimmern verfügbar ist. Die meisten Hotels haben außerdem einen Computer eingerichtet, der für die Gäste zugänglich ist. Da die private Internetdichte in Österreich sehr hoch ist, gibt es nur wenige Internetcafès.

Innsbruck: *Billard-Café Kööö | Pontlatzer Str. 63 | Tel. 0512/26 91 82*

Oberland: *Mail Box Internet Café | Dorfstr. 2 | St. Anton | Tel. 0699/20 02 20 01 | www.mail-box.at*

Unterland: *Internetcafé Pub Memory | Dorf 39 | Ellmau | Tel. 05358/22 43, www.pub-memory.at*

Osttirol: *Internetcafé in Kals | Ködnitz 30 | Tel. 04876/85 33*

WAS KOSTET WIE VIEL?

> **KAFFEE-PAUSE**	**6,50 EURO** für einen „Verlängerten" und ein Stück Kuchen
> **BIER**	**3,50 EURO** für ein Großes (0,5 l)
> **SEILBAHN**	**10–12 EURO** Berg- und Talfahrt im Sommer
> **SCHNAPS**	**3 EURO** für ein Stamperl
> **BENZIN**	**1,10 EURO** für 1 l Normalbenzin
> **BRETTL-JAUSE**	**10 EURO** für Speck, Käse, Brot

Außerfern: *Café Museo | Untermarkt 25 | Reutte | Tel. 05672/723 03 | www.cafe-alte-post.com*

MEDIEN

In den *Trafiken*, wie Kioske in Österreich genannt werden, sind deutsche , Schweizer und internationale Zeitungen erhältlich. In Tirol selbst ist die „Tiroler Tageszeitung" *(www.tt.com)* die lokale Informationsquelle. Alle Hotels haben Satelliten- oder Kabelanschluss für die gängigsten deutschsprachigen Programme. Nachrichten finden Sie auch auf *http://tirol.orf.at*, dem Tirol-Magazin des Österreichischen Rundfunks (ORF).

NOTRUFE

Feuerwehr: *122*
Polizei: *133*
Rettung: *144*
Bergrettung: *140*
Ärztenotdienst: *141*

ÖFFENTLICHE VERKEHRSMITTEL

Generell ist das öffentliche Verkehrsnetz in Tirol sehr gut ausgebaut, vor allem im Inntal zwischen Wörgl und Telfs haben Sie die Wahl zwischen Zug- oder Busverbindungen mit kurzen Intervallen. Je entlegener das Tal, desto seltener fahren die Busse. Die Hauptbetriebszeiten sind von 5.30 bis 24 Uhr. In den meisten Touristenorten gibt es im Winter gratis Skibusse. Auch von Innsbruck aus fahren Busse gratis in die Skigebiete.

Straßenbahnen und Busse der Innsbrucker Verkehrsbetriebe durchziehen die Landeshauptstadt mit einem dichten Netz, der Fahrplan ist online unter *www.ivb.at* abrufbar. Freitag und Samstag fahren ab Mitternacht im Stundentakt Nachtbusse, sogenannte Nightliner, in der Stadt und in die umliegenden Ortschaften.

ÖFFNUNGSZEITEN

Lebensmittelgeschäfte haben prinzipiell Mo–Fr 8–18.30 Uhr geöffnet, teilweise auch bis 20 Uhr. Alle anderen Läden öffnen um 9 Uhr. Am Samstag schließen die Geschäfte um 17 Uhr. In entlegenen Gegenden machen manche Geschäfte zwischen 12 und 14 Uhr eine Mittagspause. Banken öffnen von 8–16 Uhr. Die Hauptsaison dauert von Juni bis Sept. und Dez. bis Ostern. Dazwischen haben Hotels und Liftanlagen in den Touris-

WETTER IN INNSBRUCK

	Jan.	Feb.	März	April	Mai	Juni	Juli	Aug.	Sept.	Okt.	Nov.	Dez.
	1	4	11	16	20	24	25	24	21	15	8	2
Tagestemperaturen in °C												
	-6	-4	0	4	8	11	13	12	10	5	0	-4
Nachttemperaturen in °C												
	3	4	5	6	6	6	7	7	6	5	3	2
Sonnenschein Std./Tag												
	9	8	7	9	11	14	14	13	10	8	8	8
Niederschlag Tage/Monat												

PRAKTISCHE HINWEISE

tenregionen oft geschlossen, viele Museen sind ebenfalls montags zu.

POST

Die Postämter haben von 8–18 Uhr geöffnet, mittags schließen sie meist zwischen 12 und 14 Uhr. Eine Standardsendung (bis 20 g) kostet EU-weit 65 Cent, weltweit 1,40 Euro.

TELEFON & HANDY

Öffentliche Telefonzellen sind fast gänzlich verschwunden, weil Österreichs Handydichte hoch ist. Dementsprechend gut ist auch die Netzabdeckung, vor allem in den touristischen Gebieten. Mittlerweile gibt es sechs Provider und einen unüberschaubaren Tarifdschungel. Ihr heimischer Anbieter kann Ihnen genau sagen, mit welchen Firmen er in Österreich kooperiert und wie Sie hohe Roamingkosten vermeiden. Mit einer Prepaid-Karte aus Österreich entfallen die Gebühren für eingehende Anrufe. Prepaid-Karten wie die von Globilo *(www.globilo.de)* oder Global-Sim *(www.globalsim.net)* sind zwar teuer, ersparen aber ebenfalls alle Roaming-Gebühren. Und Sie bekommen schon zu Hause Ihre neue Nummer. Immer günstig sind SMS. Hohe Kosten verursacht die Mailbox: noch im Heimatland abschalten! Bei Ferngesprächen entfällt die 0 der Ortsvorwahl. Vorwahl Deutschland: 0049, Schweiz: 0041, Österreich: 0043

TRINKGELD

Generell ist Trinkgeld kein Muss. Die Kellner leben jedoch zu einem großen Teil davon, und wenn Sie mit dem Service zufrieden waren, sind fünf bis zehn Prozent angemessen.

UNTERKUNFT

Prinzipiell stehen alle Hotelkategorien zur Verfügung, nach wie vor dominiert der traditionelle Tiroler Stil über modernes Design. Sehr beliebt, weil besonders urig, ist seit ein paar Jahren die Übernachtung auf Almhütten. Auch mehrtägige Wanderungen sollten Sie so planen, dass Sie auf einer Hütte übernachten.

Urlaub auf dem Bauernhof wird zunehmend beliebter und ist für die ganze Familie ein tolles Erlebnis. Nicht nur im Sommer, auch im Winter gibt es in Tirol außerdem genug Campingmöglichkeiten. Mehr als 100 Campingplätze finden sich meist in wunderschöner Landschaft. Wildes Campen ist in ganz Österreich generell verboten. *Österreichischer Camping-Club ÖCC | Schubertring 1–3 | 1010 Wien | Tel. 01/713 61 51 | Fax 711 99 27 54 | www.camping club.at*

Mit einem internationalen Jugendherbergsausweis können Sie günstig in den Jugendherbergen in Innsbruck, Kirchberg, Kössen, Maurach und Umhausen/Niederthai übernachten. Infos unter *www.oejhv.at*.

ZOLL

Innerhalb der EU steht Ihnen die Ein- und Ausfuhr von Waren für den persönlichen Gebrauch praktisch frei: Einführen dürfen Sie 800 Zigaretten, 400 Zigarillos, 200 Zigarren, 1 kg Tabak, 10 l Spirituosen, 20 l Likör, 90 l Wein und 110 l Bier. Sollten Sie aus einem Drittstaat einreisen, sind die Einfuhren beschränkt auf: 200 Zigaretten, 50 Zigarren, 250 g Tabak, 1 l Spirituosen, 2 l Wein oder Bier. Infos unter *www.zoll.de*

Otto-Mayr-Hütte bei Reutte

> UNTERWEGS IN TIROL

Die Seiteneinteilung für den Reiseatlas finden Sie auf dem hinteren Umschlag dieses Reiseführers

REISE ATLAS

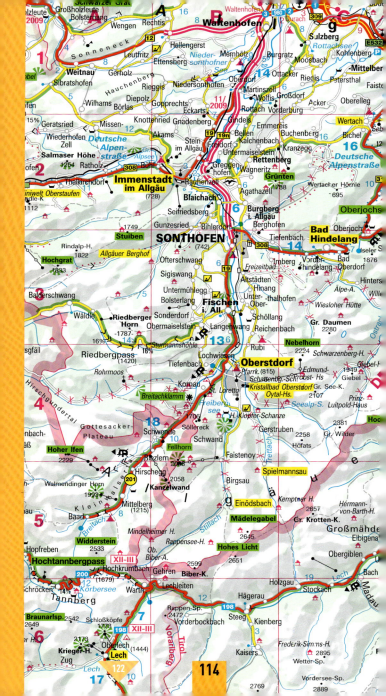

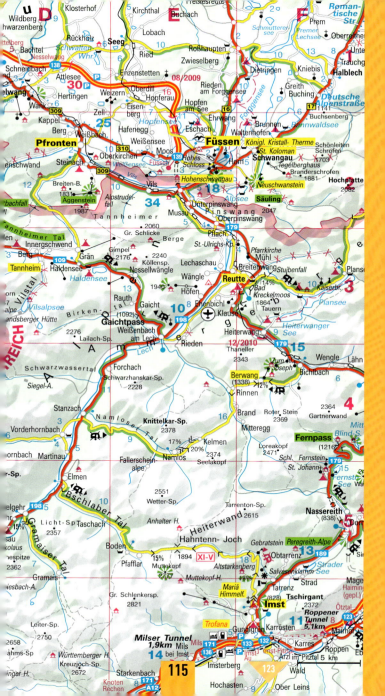

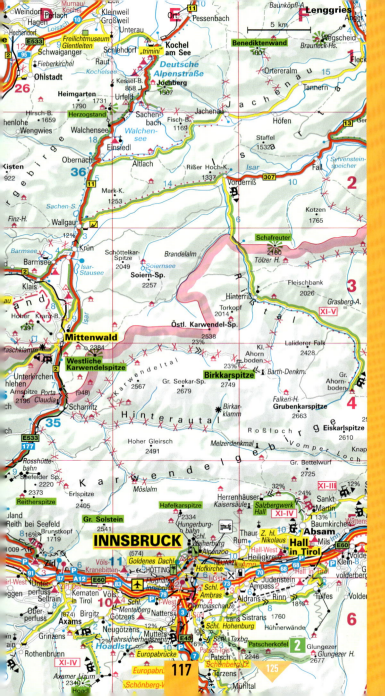

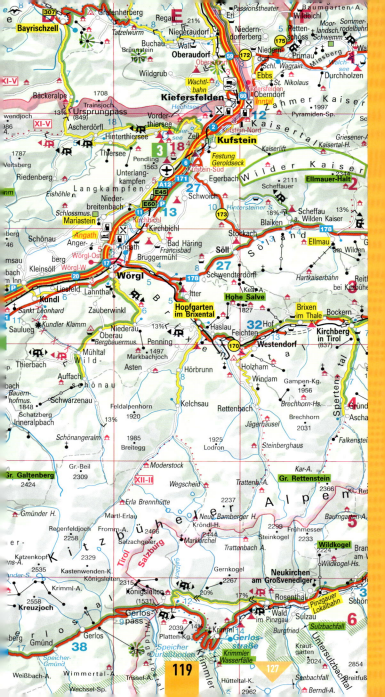

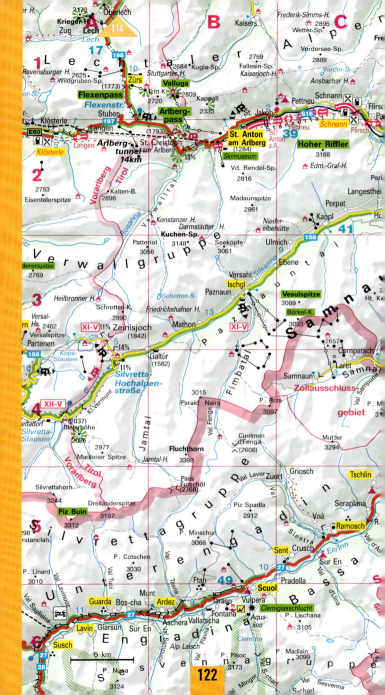

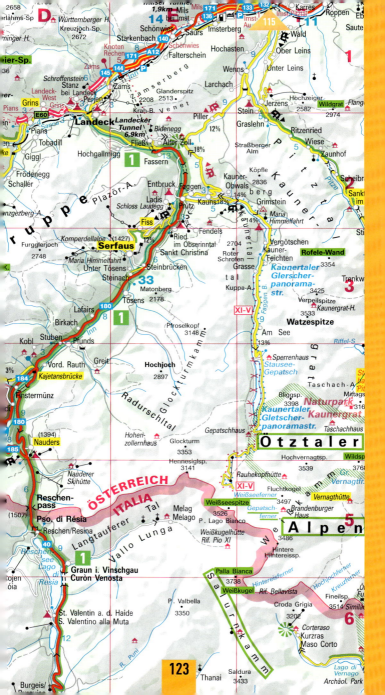

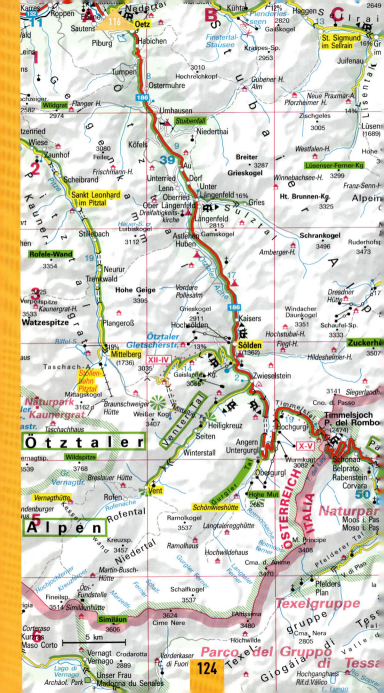

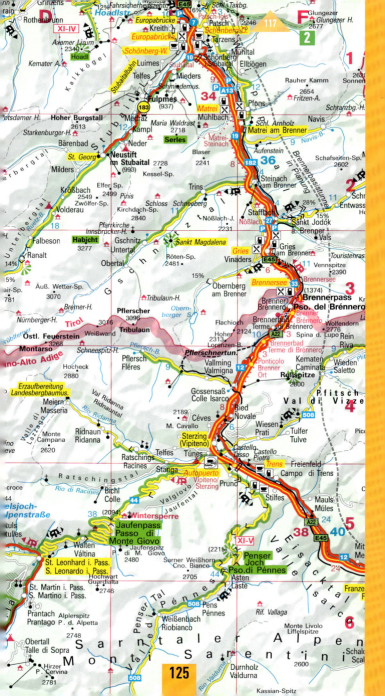

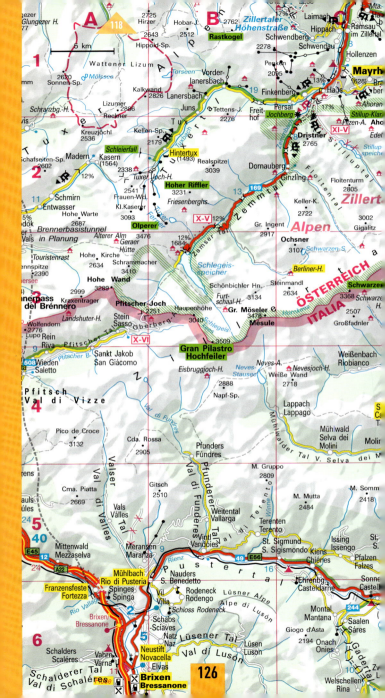

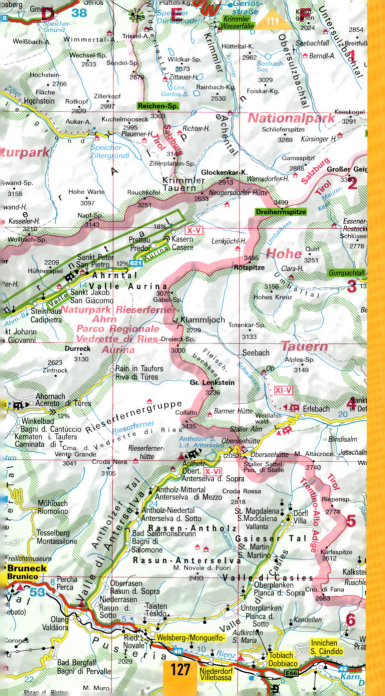

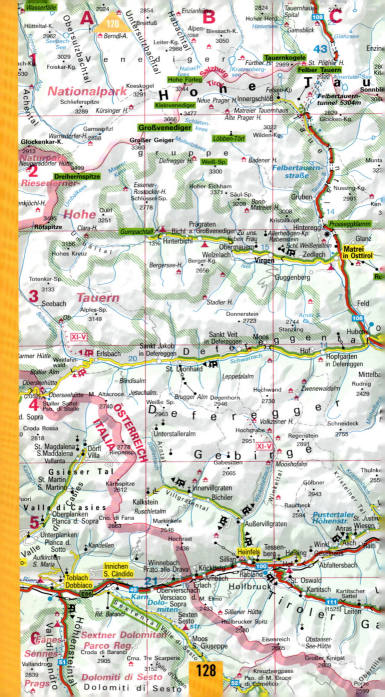

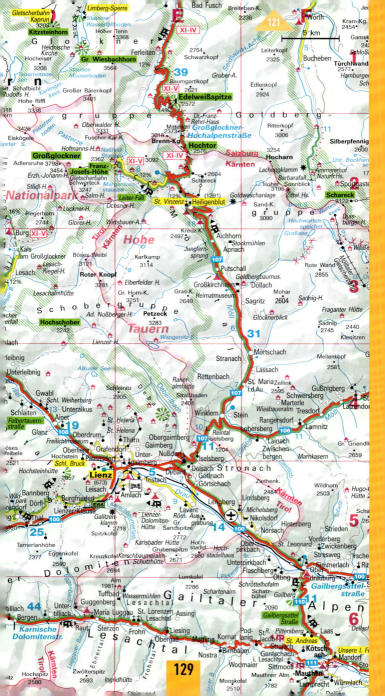

KARTENLEGENDE

Autobahn mit Anschlussstelle - Mautstelle		Motorway with junction - Toll
Autobahn in Bau - geplant		Motorway under construction - projected
Tankstelle - Rasthaus - mit Motel		Filling station - Restaurant - with motel
Vierspurige Straße - in Bau		Road with four lanes - under construction
National- oder Staatsstraße - in Bau		Trunk road - under construction
Wichtige Hauptstraße - in Bau		Important main road - under construction
Hauptstraße - Nebenstraße		Main road - Secondary road
Fahrweg - Fußweg		Practicable road - Footpath
Passstraße mit Wintersperre - Steigung		Mountain pass closed in winter - Gradient
Für Wohnwagen nicht empfehlenswert - gesperrt		Not suitable for caravans - closed
Gebührenpflichtige Straße - Für Kfz gesperrt		Toll road - Road closed for motor traffic
Hauptbahn mit Bahnhof - Nebenbahn		Main railway with station - Other railway
Eisenbahn (Güterverkehr) - Autoverladung		Railway (freight haulage) - Railway ferry for cars
Zahnradbahn - Seilbahn - Sessellift		Rack-railway - Cable lift - Chair lift
Autofähre - Schifffahrtslinie		Car ferry - Shipping route
Flughafen - Regionalflughafen - Flugplatz - Segelflugplatz		Airport - Regional airport - Airfield - Gliding field
Besonders sehenswerter Ort		Place of particular interest
Besondere Natursehenswürdigkeit		Natural object of particular interest
Museumseisenbahn		Tourist train
Landschaftlich schöne Strecke		Scenic road
Touristenstraße		Tourist route
Nationalpark, Naturpark - Aussichtspunkt		National park, nature park - Viewpoint
Botanischer Garten, sehenswerter Park - Zoologischer Garten		Botanical gardens, interesting park - Zoological garden
Burg, Schloss - Burgruine		Castle, Palace - Castle ruin
Kirche - Kloster - Ruinen		Church - Monastery - Ruins
Turm - Funk- oder Fernsehturm		Tower - Radio- or TV tower
Denkmal - Windmühle - Leuchtturm		Monument - Windmill - Lighthouse
Golfplatz - Jachthafen		Golf-course - Marina
Hotel, Motel, Gasthaus - Höhle		Hotel, Motel, Inn - Cave
Campingplatz - Jugendherberge		Camping - Youth hostel
Strandbad - Schwimmbad - Heilbad		Bathing place - Swimming pool - Spa
Staatsgrenze		State boundary
Grenzkontrollstelle international - mit Beschränkung		International check-point - Check-point with restrictions
Verwaltungsgrenze - Sperrgebiet		Administrative boundary - Restricted area
Ausflüge & Touren		Excursions & tours

FÜR IHRE NÄCHSTE REISE

gibt es folgende MARCO POLO Titel:

DEUTSCHLAND
Allgäu
Amrum/Föhr
Bayerischer Wald
Berlin
Bodensee
Chiemgau/Berchtesgadener Land
Dresden/Sächsische Schweiz
Düsseldorf
Eifel
Erzgebirge/Vogtland
Franken
Frankfurt
Hamburg
Harz
Heidelberg
Köln
Lausitz/Spreewald/Zittauer Gebirge
Leipzig
Lüneburger Heide/Wendland
Mark Brandenburg
Mecklenburgische Seenplatte
Mosel
München
Nordseeküste Schleswig-Holstein
Oberbayern
Ostfriesische Inseln
Ostfriesland/Nordseeküste Niedersachsen/Helgoland
Ostseeküste Mecklenburg-Vorpommern
Ostseeküste Schleswig-Holstein
Pfalz
Potsdam
Rheingau/Wiesbaden
Rügen/Hiddensee/Stralsund
Ruhrgebiet
Schwäbische Alb
Schwarzwald
Stuttgart
Sylt
Thüringen
Usedom
Weimar

ÖSTERREICH | SCHWEIZ
Berner Oberland/Bern
Kärnten
Österreich
Salzburger Land
Schweiz
Tessin
Tirol
Wien
Zürich

FRANKREICH
Bretagne
Burgund
Côte d'Azur/Monaco
Elsass
Frankreich
Französische Atlantikküste
Korsika
Languedoc-Roussillon
Loire-Tal
Nizza/Antibes/Cannes/Monaco
Normandie
Paris
Provence

ITALIEN | MALTA
Apulien
Capri
Dolomiten
Elba/Toskanischer Archipel
Emilia-Romagna
Florenz
Gardasee
Golf von Neapel
Ischia
Italien
Italienische Adria
Italien Nord
Italien Süd
Kalabrien
Ligurien/Cinque Terre
Mailand/Lombardei
Malta/Gozo
Oberital. Seen
Piemont/Turin
Rom
Sardinien
Sizilien/Liparische Inseln
Südtirol
Toskana
Umbrien
Venedig
Venetien/Friaul

SPANIEN | PORTUGAL
Algarve
Andalusien
Barcelona
Baskenland/Bilbao
Costa Blanca
Costa Brava
Costa del Sol/Granada
Fuerteventura
Gran Canaria
Ibiza/Formentera
Jakobsweg/Spanien
La Gomera/El Hierro
Lanzarote
La Palma
Lissabon
Madeira
Madrid
Mallorca
Menorca
Portugal
Sevilla
Spanien
Teneriffa

NORDEUROPA
Bornholm
Dänemark
Finnland
Island
Kopenhagen
Norwegen
Schweden
Stockholm
Südschweden

WESTEUROPA | BENELUX
Amsterdam
Brüssel
Dublin
England
Flandern
Irland
Kanalinseln
London
Luxemburg
Niederlande
Niederländische Küste
Schottland
Südengland

OSTEUROPA
Baltikum
Budapest
Estland
Kaliningrader Gebiet
Lettland
Litauen/Kurische Nehrung
Masurische Seen
Moskau
Plattensee
Polen
Polnische Ostseeküste/Danzig
Prag
Riesengebirge
Russland
Slowakei
St. Petersburg
Tallinn
Tschechien
Ungarn
Warschau

SÜDOSTEUROPA
Bulgarien
Bulgarische Schwarzmeerküste
Kroatische Küste/Dalmatien
Kroatische Küste/Istrien/Kvarner
Montenegro
Rumänien
Slowenien

GRIECHENLAND | TÜRKEI | ZYPERN
Athen
Chalkidiki
Griechenland Festland
Griechische Inseln/Ägäis
Istanbul
Korfu
Kos
Kreta
Peloponnes
Rhodos
Samos
Santorin
Türkei
Türkische Südküste
Türkische Westküste
Zakinthos
Zypern

NORDAMERIKA
Alaska
Chicago und die Großen Seen
Florida
Hawaii
Kalifornien
Kanada
Kanada Ost
Kanada West
Las Vegas
Los Angeles
New York
San Francisco
USA
USA Neuengland/Long Island
USA Ost
USA Südstaaten/New Orleans
USA Südwest
USA West
Washington D.C.

MITTEL- UND SÜDAMERIKA
Argentinien
Brasilien
Chile
Costa Rica
Dominikanische Republik
Jamaika
Karibik/Große Antillen
Karibik/Kleine Antillen
Kuba
Mexiko
Peru/Bolivien
Venezuela
Yucatán

AFRIKA | VORDERER ORIENT
Ägypten
Djerba/Südtunesien
Dubai/Vereinigte Arabische Emirate
Israel
Jerusalem
Jordanien
Kapstadt/Wine Lands/Garden Route
Kapverdische Inseln
Kenia
Marokko
Namibia
Qatar/Bahrain/Kuwait
Rotes Meer/Sinai
Südafrika
Tunesien

ASIEN
Bali/Lombok
Bangkok
China
Hongkong/Macau
Indien
Indien/Der Süden
Japan
Ko Samui/Ko Phangan
Malaysia
Nepal
Peking
Philippinen
Phuket
Rajasthan
Shanghai
Singapur
Sri Lanka
Thailand
Tokio
Vietnam

INDISCHER OZEAN | PAZIFIK
Australien
Malediven
Mauritius
Neuseeland
Seychellen
Südsee

REGISTER

In diesem Register sind alle in diesem Führer erwähnten Orte, Bahnen, Täler und Ausflugsziele verzeichnet. Halbfette Seitenzahlen verweisen auf den Haupteintrag, kursive auf ein Foto.

Achensee 56
Aguntum 10, **75f.**
Ahornplateau 12
Alpbach 56
Alpbachtal 17
Alpenhaus 47
Alpenpark Karwendel *6/7*, 73
Alter See 80
Arlberg 101
Arzl 63
Assling 105
Axamer Lizum 101
Axams 22
Bergisel 31, 94
Berwang 85
Biberwier 84, 105
Bichlbach 86
Brennerpass 10
Brixental 49f.
Burg Berneck 66
Burgenwelten Ehrenberg 89
Chipperfield, David 8
Choralpe 104
Defereggental 82, **83**
Dolomiten 8
Ebbs 52f.
Ehrwald 84ff.
Elbigenalp 89
Erl 23, 52
Festung Kufstein 50
Finkenberg 54
Fiss 14, 63
Fließ 63f.
Fohlenhof Ebbs s. Ebbs
Fulpmes 40ff.
Gaisalm 56
Gaislachkogel 69
Galitzenklamm 78, 82
Gepatschferner 66
Ginzling 54, 96
Glungezer 94
Grenzfeste Altfinstermünz 93
Großglockner 8, 82f.
Hadid, Zaha 8, 32
Hafelekar 33
Haldensee 91
Hall 23, 30, **43ff.**
Halltal 63f.
Hauslabjoch 20
Hechtsee 51
Hinterer Brunnenkogel 63
Hinterhornalm 45
Hintertuxer Gletscher 54, 96
Hippach 15
Hochfügen 26, 101
Hochpustertal 75
Hofer, Andreas 9f., 32f., 56
Holzgau 89
Hopfgarten a. d. Hohen Salve 50
Horberg 12

Hornbahn 47
Idalpe 65f.
Igls **40**, 94
Imst 22, **60ff.**, 100, 104
Imster Schlucht 62
Innergschlöß 80f.
Innervillgraten 80
Innsbruck 8ff., 13, 15, 17, 19, 21ff., 27f., **30ff.**, 94, 97, 99f., 103, 106f.
Innsbrucker Panorama Klettersteig 100
Inntal 10
Ischgl 12, 26, **65f.**, 101
Jerzens 63
Kaisergebirge 8
Kaisertal bei Ebbs 52
Kals 82, **83**
Karwendel 8
Kaunertal 63, **66**
Kelchalm 49
Kirchberg 26
Kirchdorf 15
Kitzbühel 8, 12, 15, 22, **46ff.**, 106
Kitzbüheler Horn 47
Kitzbühler Alpen 50
Kössener Ache 52
Kramsach 28, **57**
Kristallwelten **45**, 95
Kufstein 10, 18, 23, 28, 46, **50ff.**, 95, 106
Kühtai 101
Kundl 23
Landeck **63ff.**, 70, 92
Landecker Schloss 92
Längenfeld 68
Lavant 79
Lechtal 18, 29, 84, **88ff.**
Lechtaler Alpen 8
Lermoos 84, 98
Leutasch 104
Leutascher Ache 73
Leutascher Geisterklamm 73
Lienz 9f., 23, **75ff.**
Lochputzklamm 104
Maria Waldrast 43
Mariastein 53
Matrei am Brenner 42f.
Matrei in Osttirol 80ff.
Maximilian I. 11, 30, 33ff., 37, 59, 66
Mayrhofen 12, **53ff.**, 96
Mösern 73
Mühltal (Wildschönau) 13
Muttereralm 104
Nationalpark Hohe Tauern 80f.
Natterer See 40
Naturparkhaus Zillertaler Alpen 96
Nauders 94

Neustift 40
Oberes Gericht **63ff.**, 92
Oberhauser Zirbenwald 83
Obernberg 43
Obernberger See 43
Oberstaller Alm 80
Oetz 67ff.
Ötzi 10, 18, 20
Ötzi-Dorf 68f.
Ötztal 67ff.
Ötztaler Alpen 8, 20, 63
Patscherkofel 30, 94
Paznauntal *8/9*, 18
Penken 101
Piburger See 69
Pinswang 22
Pitztal 63
Plansee 91
Pontlatzbrücke 92f.
Pustertal **75f.**, 82
Pustertaler Höhenstraße 79f.
Radfeld 15
Rattenberg 28, **57**, 95
Reschenpass 65, 70, 92, 94
Rettenbachferner 69
Reutte 18, **88ff.**, *112/113*
Rofenhöfe 69
Rosengartenschlucht 62
Rum 14
Schaukeln 105
Schlegeis 54
Schloss Ambras 23, **35**, 94
Schloss Anras 79
Schloss Bruck **77**, 82
Schloss Fernstein 85
Schloss Landeck 64
Schloss Naudersberg 94
Schloss Tratzberg 59
Schönberg 40
Schwarzsee 50
Schwaz 8, 23, 46, **58ff.**, 100
Seebensee 87
Seefeld 72ff.
Seegrube 33
Serfaus 12, 27, 63, 101, 104
Serfaus-Fiss-Ladis 13, **64f.**
Silvretta-Hochalpenstraße 66f.
Sölden 14, 23, 67, **69f.**
Söll 100, 104f.
Sonnenplateau 65
St. Anton 9, 14, 23, **67**
St. Georgenberg 32, **59**
St. Jakob in Haus 18
St. Johann 23
St. Leonhard 63
Stift Stams **71**
Stift Wilten **36**, 94
Streif 49
Stubaier Alpen 8, 40
Stubaital 17, 30, **40ff.**
Stuibenfall 69

> www.marcopolo.de/tirol

IMPRESSUM

Tannheim 105
Tannheimer Tal 84, **91**
Telfs 22f.
Thaur 22
Tiefenbachferner 69
Tristacher See **80**, 82
Tulfein-Alm 95
Tulfes 44, 95
Tux 54f.
Tuxertal 54f.

Umbalfälle 83
Via Claudia Augusta 69
Villgratental 80
Vilsalpsee 91
Virgental 82, **83**
Wattenberg 97
Wattens 17, 28, 45, 95
Wenns 63
Westendorf 13, 104
Wilder Kaiser 50

Wildspitze 68
Wipptal 10, 42f.
Wolfsklamm 59
Wörgl 52f.
Zell am Ziller 22
Zillertal 8, 12, 20, 26, 46, **53ff.**, 99
Zillertaler Höhenstraße 55, 96
Zillertalradweg 55
Zugspitze 84ff.

SCHREIBEN SIE UNS!

Liebe Leserin, lieber Leser,

wir setzen alles daran, Ihnen möglichst aktuelle Informationen mit auf die Reise zu geben. Dennoch schleichen sich manchmal Fehler ein – trotz gründlicher Recherche unserer Autoren/innen. Sie haben sicherlich Verständnis, dass der Verlag dafür keine Haftung übernehmen kann.

Wir freuen uns aber, wenn Sie uns schreiben.

Senden Sie Ihre Post an die
MARCO POLO Redaktion,
MAIRDUMONT, Postfach 31 51,
73751 Ostfildern,
info@marcopolo.de

IMPRESSUM

Titelbild: Trollblumen vor der Spritzkarspitze (Huber: Römmelt)
Fotos: Bachhalm Schokoladenmanufaktur GmbH (15 o.); Bergbahnen Fiss-Ladis: Andi Kirschner (13 u.); BTV/FO.KU.S Foto Kunst Stadtforum: Nikolaus Schletterer (15 u.); © fotolia.com: Dušan Zidar (96 o. l.), Internetter (96 M. r.); Katharina Gürtler (13 o.); U. Haafke (3 r., 108); H. Hartmann (3 M., 45); HB Verlag: Spitta (3 l., 4 r., 11, 23, 57, 62, 71, 72, 79); Hochgebirgs-Naturpark Zillertaler Alpen: Birgit Kröll (96 M. l.); Huber: Geiersperger (76), Gräfenhain (41, 43, 48, 54), Kolley (16/17), Leimer (74/75), Römmelt (1), Schmid (6/7, 30/31, 36/37, 46/47, 68, 84/85), Giovanni Simeone (39, 95), Stanciu (8/9); G. Jung (26, 28, 29, 90/91, 98/99, 102/103, 112/113); Kulturgasthaus Bierstindl: Flo Schneider (97 M. l.); La Terra Magica: Lenz (Klappe M.); P. Mathis (Klappe r., 2 r., 5, 20, 22/23, 32, 34, 51, 59, 60/61, 67, 83, 88, 100, 105); Mayrhofner Bergbahn AG: Philipp Jochum (12 u.); MPREIS Warenvertriebs GmbH: simonrainer.com (14 o.); L. Niesner (134); Susanne Prister: Roland Reuter (15 M.); Sensei Sushi Bar (97 M. r.); Sporthotel Stock (12 o.); T. Stankiewicz (4 l., 19, 22, 24/25, 52, 64, 81, 86, 92/93); Tourismusverband St. Anton am Arlberg: Martin Ebster (14 u.); TyrolLama: Hans Geißler (97 o. l.); Weekender Café & Club: Claus Watzdorf (97 u. r.); E. Wrba (Klappe l., 2 l., 27, 28/29, 58); Zillertaller Gletscherbahn GmbH & Co KG: Bernd Ritschel (96 u. r.)

1. (8.) Auflage 2009
© MAIRDUMONT GmbH & Co. KG, Ostfildern
Chefredaktion: Michaela Lienemann, Marion Zorn
Autoren: Andreas Lexer; Redaktion: Nadia Al Kureischi, Jens Bey
Programmbetreuung: Silwen Randebrock; Bildredaktion: Gabriele Forst
Szene/24h: wunder media, München
Kartografie Reiseatlas: © MAIRDUMONT, Ostfildern
Innengestaltung: Zum goldenen Hirschen, Hamburg; Titel/S. 1–3: Factor Product, München
Sprachführer: in Zusammenarbeit mit Ernst Klett Sprachen GmbH, Stuttgart, Redaktion PONS Wörterbücher
Das Werk einschließlich aller seiner Teile ist urheberrechtlich geschützt. Jede urheberrechtsrelevante Verwertung ist ohne Zustimmung des Verlages unzulässig und strafbar. Das gilt insbesondere für Vervielfältigungen, Übersetzungen, Nachahmungen, Mikroverfilmungen und die Einspeicherung und Verarbeitung in elektronischen Systemen.
Printed in Germany. Gedruckt auf 100% chlorfrei gebleichtem Papier

> UNSER INSIDER
MARCO POLO Autor Andreas Lexer im Interview

Andreas Lexer ist Tiroler, lebt aber mittlerweile in Wien und arbeitet als Reporter und Kriegsberichterstatter für eine große Tageszeitung.

Stammen Sie aus Tirol und leben Sie noch immer dort?

Ich bin in Tirol groß geworden und habe dort studiert. Als Journalist hat man in Wien allerdings mehr Möglichkeiten, weil alle großen Medienunternehmen dort ansässig sind. Deswegen bin ich umgezogen. Ich versuche aber, alle paar Wochen nach Hause zu fahren, weil ich in den Bergen die wichtige Erholung von meinen manchmal sehr anstrengenden Reisen finde.

Was reizt Sie an Tirol?

Ich liebe die Natur, die Berge vor allem. Als ich während des Studiums und danach in Innsbruck lebte, wusste ich es sehr zu schätzen, dass man sich nur aufs Rad zu schwingen braucht und fünf Minuten später schon in der freien Natur ist. Das fehlt mir sehr in Wien.

Und was mögen Sie an Tirol nicht so?

Viele Orte haben sich dem Tourismus verkauft. Statt auf die Schönheit der Berge zu setzen, bieten sie Ballermann-Flair. Etwas weniger Halligalli und mehr Ruhe und Erholung würde Gästen wie Einheimischen nicht schaden.

Sprechen Sie noch Tirolerisch?

Der Tiroler Dialekt ist sehr chrakteristisch und man kann ihn sich nur schwer abgewöhnen. Das ist auch gut so. Wir Tiroler sind nämlich stolz auf unsere Sprache.

Kommen Sie viel in Tirol herum?

Ja, vor allem aber in den letzten Monaten. Für die Recherche für den MARCO POLO Führer bin ich in die abgelegensten Winkel des Landes gefahren, wo ich eben nicht so regelmäßig bin oder nie die Zeit dazu hatte. So habe ich mein Tirol neu entdeckt.

Womit beschäftigen Sie sich in Ihrer Freizeit? Haben Sie spezielle Hobbys?

Ich liebe es, Ski zu fahren oder in die Berge zu gehen. Das ist aber kein Hobby, sondern das gehört für mich einfach zum Leben.

Mögen Sie die Tiroler Küche?

Mein absolutes Lieblingsessen sind Kasknödel in der Suppe, entweder von meiner Mutter oder auf einer Almhütte nach einer kleinen Wanderung.

Können Sie sich vorstellen, irgendwann wieder in Ihrer Heimat zu leben?

Viele Tiroler, die weggehen, zieht es eines Tages auch wieder nach Hause. Irgendwann, wenn ich innerlich ruhiger geworden bin, gehöre ich vielleicht auch dazu . . .

10 € GUTSCHEIN
für Ihr persönliches Fotobuch*!

Gilt aus rechtlichen Gründen nur bei Kauf des Reiseführers in Deutschland und der Schweiz

SO GEHT'S: Einfach auf www.marcopolo.de/fotoservice/gutschein gehen, Wunsch-Fotobuch mit den eigenen Bildern gestalten, Bestellung abschicken und dabei Ihren Gutschein mit persönlichem Code einlösen.

Ihr persönlicher Gutschein-Code: mprjxmhbwe

Zum Beispiel das MARCO POLO FUN A5 Fotobuch für 7,49 €.

* Dies ist ein spezielles Angebot der fotokasten GmbH. Der Gutschein ist einmal pro Haushalt/Person einlösbar. Dieser Gutschein gilt nicht in Verbindung mit weiteren Gutscheinaktionen. Eine Barauszahlung ist nicht möglich. Gültig bis 31.12.2013. Der Gutschein kann auf www.marcopolo.de/fotoservice/gutschein auf alle Fotobuch-Angebote und Versandkosten (Deutschland 4,95 €, Schweiz 9,95 €) der fotokasten GmbH angerechnet werden. powered by fotokasten

www.marcopolo.de/fotoservice/gutschein

> BLOSS NICHT!

Worauf Sie bei Ihrem Tirolbesuch achten sollten

Die Gebirgstauglichkeit überschätzen

Die häufigste Todesursache im Gebirge ist nicht der Absturz beim Klettern, sondern der Herzinfarkt beim Wandern. Viel zu oft überschätzen sich Wanderer, jagen solchen „Auszeichnungen" wie Wandernadeln und Gipfelbüchern hinterher und übernehmen sich dabei. Ungeübte sollten deshalb ihre Route so planen, dass immer ein Einkehren möglich ist. Mindestens einmal jede Stunde empfiehlt sich eine Pause, und für den Anfang sollten Sie sich bei der Streckenwahl auf einfache Routen beschränken. Daneben kommt es auch auf die richtige Ausrüstung an: Turnschuhe sind für Wanderungen nicht geeignet! Knöchelhohe Schuhe sollten es sein, die dem Fuß guten Halt geben. Und denken Sie immer an passende Kleidung – das Wetter in den Bergen kann sehr schnell umschlagen.

Die gesicherte Piste verlassen

Keine Frage: Einen jungfräulichen Tiefschneehang zu bezwingen ist für Skifahrer und Snowboarder gleichermaßen ein Vergnügen. Trotzdem werden Pistenbegrenzungen nicht zum Spaß aufgestellt. Manchmal wird auf kleinsten Hängen eine Lawine ausgelöst – und der kann man nicht davonfahren. Jedes Jahr kommen Dutzende Menschen in Tirol durch Leichtsinnigkeit unter Lawinen ums Leben. Sollten Sie eine Skitour planen, erkundigen Sie sich beim Lawinenwarndienst nach der Lawinengefahr: *www.lawine.at/tirol*

Geschützte Pflanzen pflücken

Die einmalige Geografie Tirols bedingt auch eine einmalige Pflanzenwelt. Deshalb sind die Tiroler sehr erpicht darauf, diese Flora zu schützen und zu erhalten. Aus diesem Grund sollten Sie auf Ihren Wanderungen und Ausflügen keinesfalls Edelweiß, Enzian oder Alpenrosen pflücken. Bis Sie vom Berg abgestiegen sind, sind die Pflanzen ohnehin verwelkt. Informieren Sie sich im Tourismusbüro, welche Gewächse unter Naturschutz stehen! Auch Pilzesammeln sollten Sie mit Maß betreiben: Nur zwischen 7 und 19 Uhr darf man maximal 2 kg Pilze pro Person pflücken!

Mit Sommerreifen unterwegs sein

Der erste Schnee fällt manchmal früher, manchmal später im Jahr und bleibt dabei nicht einmal liegen. Trotzdem zieht jeder Tiroler an seinem Auto spätestens Anfang Oktober die Winterreifen auf. Vor allem auf höher gelegenen Straßen können Sie ab dann nämlich sehr leicht von einer Schneefahrbahn überrascht werden, oft sogar schon im September. Im Winter sollten Sie nicht nur Schneeketten im Auto dabeihaben, sondern auch wissen, wie man sie anlegt, da viele Zufahrten zu den Skigebieten oft eine Winterausrüstung erfordern. Vor Anfang April wechselt in Tirol niemand die Winter- gegen die Sommerreifen. Seit 2008 sind Winterreifen in ganz Österreich Pflicht.